JN237538

生《い》き心《ご》地《こち》の良い町

この自殺率の低さには理由《わけ》がある

岡檀
Oka Mayumi

講談社

はじめに

徳島駅から海部《かいふ》へ、ＪＲ牟岐《むぎ》線で南へ下る。

特急なら約一時間半、各駅停車ならさらに四十五分ほど、単線の二両編成列車で揺られていく。最初は町の中、途中から山並みを走るが、一時間ほどして鯖瀬《さばせ》という駅を過ぎたあたりから突然視界が大きく広がる。列車が太平洋の海岸線を走っているのだ。この海が見えるようになると、あぁ、またこの町にやって来たな、という実感が湧く。

その小さな町が、全国でも極めて自殺率の低い「自殺〝最〟希少地域」であることは、一見しただけではわかりようがない。

徳島県旧海部町は、県南端の太平洋に臨む、人口三千人前後で推移してきた小規模な町である。二〇〇六年に合併し現在は海陽町の一部となっている（本書では旧名称の「海部町」と呼ぶこととする）。

海部町は周辺町村とよく似通っている。豊かな自然と温暖な気候に恵まれ、四季を通じて四国八十八ヶ所札所を訪ねるお遍路《へんろ》さんの姿が見られ、夏にはサーファーと帰省者で町の人口が一時的に増加する。かつては農業や漁業、林業などの第一次産業が盛んであったが、昭和の高度成長期の後に徐々に衰退した。近年では少子高齢化と過疎化の問題を抱えている点も、地方の多くの町村と変わりはない。

つまりこの町は、日本のどこにでもあるような田舎町の典型に過ぎない。

それなのになぜこの町だけが、突出して自殺発生率が低いのか。

その謎を知りたくて勇んで現地調査に入ったものの、どこから何に手をつければよいのか五里霧中だった。

海部町の自殺率の低さには、理由《わけ》がある――。

町を訪ねるたびに思いは強まり、確信に変わりつつあった。

しかしその一方で、こうも思う。こののどかでありふれた町に、本当にそのような謎を解く鍵が潜《ひそ》んでいるのだろうか。

目次

生き心地の良い町

——この自殺率の低さには理由《わけ》がある

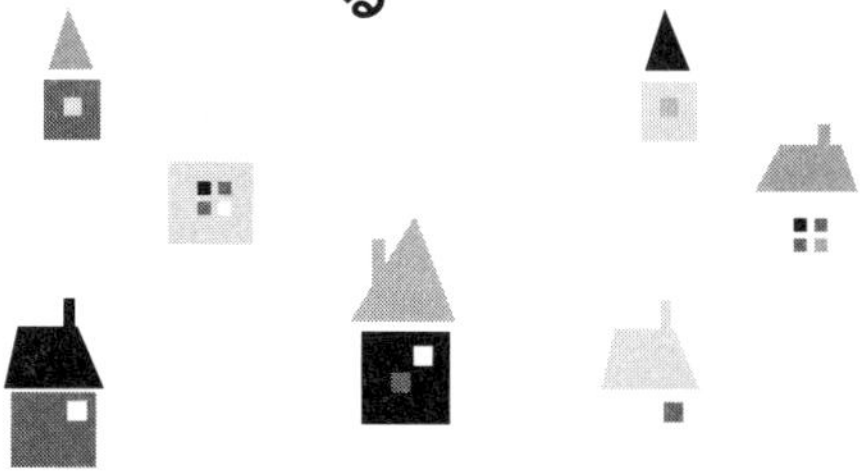

はじめに……1

第一章　事のはじまり
――海部町にたどり着くまで……9
どうやらコミュニティに鍵がある……11
自殺の危険を緩和するもの……13
〝取扱注意〟と言われたテーマ……14
ある意味、日本でもっとも自殺の少ない町……20
危険因子はどの町にもある……25
第二の仮説へと進む……27

第二章　町で見つけた五つの自殺予防因子……29
――現地調査と分析を重ねて
「この町は何かがほかと違う」……34

自殺予防因子－その一
いろんな人がいてもよい、いろんな人がいたほうがよい……37
赤い羽根募金が集まらない……39
例外だらけの相互扶助組織……42
住民アンケートによる裏付け……47
自殺予防因子－その二
人物本位主義をつらぬく……50
年長者だからといって威張らない……53
自殺予防因子－その三
どうせ自分なんて、と考えない……57
主体的に社会にかかわる……61
〝極道もん〟になったもんじゃ……66
自殺予防因子－その四
「病」は市に出せ……71
どの町にも助け合いはある……74
うつ受診率が高まる理由……79

自殺予防因子－その五
ゆるやかにつながる……83
人間関係が固定していない……85
歴史を知らないと何も始まらない……87

第三章　生き心地良さを求めたらこんな町になった
――無理なく長続きさせる秘訣とは……93

多様性重視がもたらすもの……95
カルチャーショックを感じたとき……96
「スイッチャー」という役割……100
関心と監視の違い……104
状況可変、だからこその観察……109
やり直しのきく生き方……112
一度目はこらえたれ……114
弱音を吐かせるリスク管理術……118

言葉でなく態度で示す……121
人間の性《さが》と業《ごう》を知る……125
〝賢い〟人の多い町……127

第四章 虫の眼から鳥の眼へ

――全国を俯瞰《ふかん》し、海部町に戻る……131

「旧」市区町村にこだわる理由……133
最良のデータを求めて……137
指標がないなら作るまで……142
海抜七百メートルの山と高原……147
地理的特性の直接・間接的影響……152
海部町の「サロン」活用法……161

第五章　明日から何ができるか——対策に活かすために……167

「いいとこ取り」のすすめ……168
通説を見直す——思考停止を回避する……175
こだわりを捨てる——〝幸せ〟でなくてもいい……180
対岸から眺める——危険因子はゼロにならない……185
人の業《ごう》を利用する——損得勘定を馬鹿にしない……188
説教はしない——「野暮ラベル」の効用……192

結びにかえて……200

■調査と分析の流れ……209

謝辞……213

第一章

事のはじまり

——海部町にたどり着くまで

当時私は、慶應義塾大学大学院健康マネジメント研究科の修士課程に在籍中の学生だった。ここはその名が示すように、「健康」を軸としてさまざまな学問領域が交差し、教育・研究に取り組む大学院である。看護学専修、医療マネジメント専修、スポーツマネジメント専修と三つの専修から構成され、修士課程・博士課程合わせて約百名が在籍している。

学生の六割が社会人経験者であり、私もまたそのひとりだった。職業は、メーカー、銀行、商社など企業の社員、公務員、医師や看護師など医療従事者、施設経営者、NGO職員、会計士、スポーツインストラクター、教員などとバラエティに富んでいる。それら学生の関心事は、医療や介護サービスの質から、危機管理など制度上の問題、社会経済効果、環境や生活習慣が心身にもたらす影響まで、多岐にわたっていた。

こうした研究科に籍を置き、私は自身の研究テーマとして、地域の社会文化的特性が住民の精神衛生にあたえる影響を明らかにしたいと考えていた。特に、コミュニティの特性と自殺率との関係に関心をもっていた。

どうやらコミュニティに鍵がある

このテーマへの意識の芽生えは、私が大学院に入学する直前まで長年たずさわっていた仕事の中で、戦争被害者の体験について聞き取り調査をしたことにさかのぼる。抑留されたり慰安所に送られたりという辛い体験をもつ高齢の被害者らから話を聞くうち、気づいたことがあった。同じように過酷な経験をした人たちの中にも、徐々に心の傷が癒《いや》されている人と、いつまでもトラウマに苛《さいな》まれ続けている人の両方がいる。終戦後半世紀以上の歳月を経てもなお、その苦しみがしずまるばかりかさらに強まり、精神を病んでいる人さえいた。

当然、個人差というものがあろう。しかしそれだけでは説明しきれない何かがあり、なぜそこまでの大きな違いが生じるのかと考えるようになったとき、その違いの背景に、彼らが戦後もどって行った故郷やコミュニティの規範、隣人たちの価値観が大きくかかわっているということに思い至った。戦場からもどって来た彼らを故郷の人々がどのような態度で迎えたかによって、彼らの苦しみの度合いは大きくも小さくもなっていた。

たまたま同じ頃、自殺で家族を失った遺族たちの語りを読む機会があり、かつて経験したことのない強い衝撃を受けた。その内容はあまりに辛かったので、何度も胸苦しくなっては中断し、なかなか先へ読み進められなかった。これほど読了に時間のかかった本もなかったように思う。

自殺へと追い詰められていく人の心理、遺族の悲嘆と無念、虚脱感、そして周囲の無知と偏見など、数多《あまた》ある死因の中でも自殺のみにまつわる問題の実態を初めて知り、その手記を読み終えた後も、やりきれなさがいつまでも心から去らなかった。

このように、自分の中にはいくつかの問題意識がうごめいていたものの、それらはつながらないままばらばらに浮遊していて、忙しく働いている間は忘れ、ふとしたときにまた顔を出してくる。当時私は転職を考えていたのだが、これを機に少し仕事から離れ、整理のつかないこれらの問題にゆっくりと腰をすえて取り組むことが最良の選択であるように思えてきた。仕事を辞めたのが二〇〇七年三月、大学院に入ったのが翌四月だった。

当初から研究テーマはほぼ固まっていた。自殺を引き起こすさまざまな社会的要因の中でも、人の生活基盤であるコミュニティの特性が重要な鍵のひとつであると感じていて、このテーマについて実証的な分析を行いたいと思っていた。

修士課程の二年間と博士課程の三年間、一貫してこの研究テーマに取り組んだ。そして入学から五年後、「日本の自殺希少地域における自殺予防因子《いんし》の研究」と題する博士論文を書き上げ、博士号を取得することとなる。

自殺の危険を緩和するもの

「自殺希少地域」「自殺予防因子」などと、いきなり耳慣れない言葉を出してしまったので、このあとは多少の解説を書き加えることとする。

ここでは、自殺の危険を高める要素＝「自殺危険因子」と自殺の危険を緩和する要素＝「自殺予防因子」の説明を簡単に行っておきたい。

自殺危険因子とは、自殺の危険を高める要素を指している。世界保健機関（WHO）は、自殺の危険を高める要素として、社会経済的地位の低さ、失業、支援の欠如、精神疾患、病苦などを挙げている。

対する自殺予防因子は、自殺行動を予防する要素、自殺の危険を緩和する要素である。ＷＨＯでは自殺を予防する要素を、家族との関係、個人の素質や人柄、社会文化的背景の三つに分類している。

日本のみならず海外でも、自殺に関する地域研究は数多くなされている。ただし、そうした研究のほとんどが自殺多発地域（自殺率の高い地域）と自殺危険因子を扱っているものであって、これに対し、自殺希少地域（自殺率の低い地域）における自殺予防因子に関する研究はほぼ手つかずといった状況である。

〝取扱注意〟と言われたテーマ

このように、私が知りたいと思う自殺希少地域の研究はまれにしか見当たらないという状況なのだが、自分が求める研究が過去にほとんど存在しない場合、その研究テーマは実は「取扱注意」なのである。私たち学生は、教授から口を酸っぱくして言い聞かされてきた。これまで先人たちが手をつけていない領域の研究は、まったくやる意味がないか、とんでもなく難しいか、そのいずれかである可能性が高いと。

しかし当時の私は、そろそろ別の視点からの研究、つまり、自殺の少ない地域を対象とした自殺予防因子の研究があってもよいのではないかと、単純に考えていた。最初に自殺多発地域を対象とした研究が進められたのは研究の歴史として当然であろうが、これだけの知見が蓄積されてきたいまは、シフトチェンジの好機と思えたのである。いまにして考えればかなり向こう見ずな発想だったが、当時は研究者のとるべき方向として自然の成り行きであろう、というくらいにしか思っていなかった。

ただ、この点については、私と同じ意見の人ばかりではなかった。

私が自殺希少地域と自殺予防因子の研究を行いたいと考えるようになり、その構想を周囲に話すと、何人かははっきりと反対し、また何人かは反対しないまでも顔を曇らせて、「それはどうなのかなぁ」とつぶやく。そして、先人たちがなぜ自殺予防因子の研究に手をつけていないか、その理由を考えたほうがよいと諭《さと》された。

「岡さん。発生したことの原因を突き止めることはできても、〝発生しなかった〟ことの原因はわからないよ」

なぜ自殺が起きるのか、その背後にある要因を探ることは不可能ではない。しかし、なぜ自殺が起きないのか、起きてもいないことについて因果関係を探っても、その答えはおそらく得られないと言っているのである。彼らは、私の調査が徒労に終わることを心配してくれていた。

私はといえば、心配してくれた人たちには申し訳ないのだが、へっちゃらだった。自殺希少地域である海部町の存在を知って以来、強く興味を惹《ひ》かれ、とにかく早く現地に入ってみたかった。現地を知らずして、何かがわかるともわからないとも言えないではないか、と思っていたのである。

ただし幸いなことに、研究科の教授たちからはそのようなことを言われたことがなかった。内心では心配していたのかもしれないがそのような気振りは示さなかったし、特に私の指導教授がつねに興味をもって話を聞いてくれていたため、私は不安を感じることもなく終始のびのびとしていられた。

学生が研究計画を練る際にまず行うのが、同じテーマを扱った既存の研究をかたっぱしから読むことである。世界中の文献を集めたデータベースで、キーワードを打ちこんで目的の論文や資料の所在を検索する。博士論文を書くまでの四年間で参照した文献数を数えてみたところ、——すべてを丁寧に読了したわけではないが——、約五百件あった。しかし先に述べたとおり、自殺希少地域の研究はほとんど見つからず、デンマークとカナダにある自殺の少ない地域について報告があったが、深く掘り下げた内容ではなかった。

そこで今度は、いわゆる学術論文だけでなく書籍や雑誌、新聞記事にも対象を広げて検索してみたが、目指すものにはなかなか行き当たらない。ほぼ諦《あきら》めかけていたそのとき、ある記事がヒットした。

一九九〇年九月十五日付朝日新聞（地方版）、その見出しは、

〈老人の自殺、十七年間ゼロ　ここが違う徳島・海部町〉

これだと思った。

この町に関する同様の内容で、一九八九年から一九九四年までの間に計四件の新聞記事が見つかった。わくわくしながらそれらの記事をダウンロードし、読んでみた。

海部町の高齢者自殺率が低い背景には、老人たちが互いによく世話を焼くこと、積極的に集まりに参加し趣味を楽しんでいること、江戸時代から続く相互扶助《そうごふじょ》組織が地域社会によく根付いていることなどが考えられると書かれていた。四つの記事はいずれもさほど長いものではなく、町の特徴を知るには物足りない感じがしたが、なんとなく楽しそうな雰囲気は伝わってきた。

しかし、ここでいきなり海部町に飛びついてはいけないのである。

大学院では、論理的・科学的根拠に基づいて研究対象を選択するよう教えこまれてきた。他ならぬ海部町を研究対象とするためには、その裏付けがなくてはいけない。

そこで私は、海部町の自殺率がどれだけ低いかを確認するために、徳島県にあった四十五旧市町村の過去三十年間の自殺者数と人口データをすべて集めて、市町村ごとの自殺率を比較するための計算を行うことにした。

ただし、ここに厄介な問題があった。

こうした社会統計データは、都道府県別に整理されたものはインターネット上で公開されていることも多いが、市区町村別の資料となるとたちまち入手困難となる。しかもそれが合併前の「旧」市区町村のデータともなれば、入手難度は倍加する。

私は、一九七三年から二〇〇二年まで三十年間のデータをそろえようと考えていたのだが、合併後の市町村に問い合わせても「保管していない」と言われることが多く、またあったとしても、媒体は紙だったり電子だったり、分類コードが途中から変更になっていたりと、データ整理の方法に一貫性がなかったために収集にたいそう手間がかかった。いまであればより効率のよいデータ収集方法も会得しているのだが、この世界に足を踏み入れて日の浅かった私は、どこを当たればよいのかもわからず途方にくれる思いだった。

その点、私は幸運だった。徳島県庁統計調査課の担当者はやさしく有能な人で、あちこちに散逸している市町村データを集めるという煩雑な作業を、嫌な顔もせずに淡々と進めてくれた。私がどれだけ幸運だったかは後になってわかった。最初の徳島県で親切に対応してもらえたので、どの県でも同じようにしてもらえるものと思いこんでいたが、実際は必ずしもそういうわけでもなかったのである。

統計課のその担当者は、私が欲しい市町村統計の電子データの所在とダウンロードの方法を根気よく教えてくれ、紙資料でしか残っていないデータはスキャニングして送ってくれた。また、県勢要覧（県とその市町村の人口や面積、政治経済、文化などの総合的な情勢が、年度ごとにまとめられている冊子）のバックナンバーを段ボール箱に詰めて、東京の私の自宅まで宅配便で送ってくれた。

徳島県勢要覧のバックナンバーは役所に保管されているものを除いてほぼ絶版状態となっており、当時の私にとっては高価な稀少本のような存在だったので、思わず「無料でいただけるのですか」と念押ししたものだ。古い県勢要覧を手に入れてこれだけ喜ぶ人は初めてだと、その担当者がおかしそうに笑っていたのを思い出す。

ある意味、日本でもっとも自殺の少ない町

地域間の自殺率を比較するには、「人口十万対自殺率」が用いられることが多い。一年の間に、人口十万人に対し何人が自殺により死亡したかという比率を求める。

ただし、人口の少ない町や村では、自殺が一件でも増えた年には自殺率が大きく跳ね上がり、翌年に発生しなければ数値が急降下するということになる。自殺率が実際よりも過大に、あるいは過小に評価されるという問題が起きるのである。そこで、市町村ごとの長期間のデータを用いて、その平均値を比較することとした。

一九七三年から二〇〇二年まで三十年間のデータを集め、平均値を求めて、徳島県下四十五市町村の値を比べた結果、海部町の自殺率の低さに改めて驚いた。くだんの新聞記事には、海部町では高齢者の自殺率が低いとあったが、高齢者のみならずすべての年齢層において自殺発生が極めて少なかった。

特に私が興味を惹かれたのは、海部町を挟んで両隣にぴったりと接する二町の自殺率平均値が、二十六・二と二十九・七であったのに対し（二〇〇二年時の全国平均値二十五・二）、海部町だけが突出して低い八・七であるという不思議な現象だった。

徳島県の中で海部町の自殺率が飛び抜けて低いことを確認すると、次には、全国市区町村と比較した場合にどのくらいの位置にいるのかを知りたくなった。

しかしその場合は全国三千余の自治体を対象とするわけであるから、作業の手間

表 1　全国で最も自殺率の低い 10 市区町村

	都道府県	市区町村	人口（人）	面積（㎢）	30 年間自殺者総数（人）	人口 10 万対自殺率の 30 年間平均値	標準化自殺死亡比 30 年間平均値	島属性
1	東京都	利島村	302	4.1	0	0.0	0.0	島
2	新潟県	粟島浦村	449	9.9	0	0.0	0.0	島
3	沖縄県	渡嘉敷村	730	19.2	0	0.0	0.0	島
4	愛媛県	魚島村	334	3.2	1	3.7	18.4	島
5	広島県	下蒲刈町	2223	8.7	4	5.1	19.6	島
6	東京都	神津島村	2144	18.9	4	7.2	21.7	島
7	沖縄県	渡名喜村	523	3.7	1	6.4	23.2	島
8	**徳島県**	**海部町**	**2602**	**26.4**	**7**	**8.7**	**30.4**	
9	鹿児島県	里村	1517	17.3	7	11.2	37.7	島
10	長崎県	伊王島町	1035	2.3	6	11.6	38.8	島

人口と面積の値は 2000 年時

も時間も桁《けた》違いとなる。着手する前に、しっかりとした研究計画を立てる必要があった。その詳細は第四章で改めて述べるとして、ここでは、比較する際に用いた指標「標準化自殺死亡《しぼう》比《ひ》」について簡単に説明したい。

内閣府の白書によれば、三十五歳未満、いわゆる若年者層の自殺者数は全体の約十八パーセントであり、つまり、全国の自殺者数の大半を占めているのは中高年者である。となれば、若年者比率の高い自治体では自殺率が低まり、逆に、中高年者率の高い自治体であれば自殺率が高まる。しかし、地域の自殺率を高めたり低めたりする要因は、年齢以外にもあるはずである。

そこで、自治体によって異なる年齢分布の影響を除去して比較するための指標が必要となってくるのであり、考え出されたのが、「標準化自殺死亡比」である。この指標を市区町村ごとに算出し、さらに三十年間の平均値を求めた。

この指標を用いて確認したところ、海部町は全国三千三百十八市区町村の中で、八番目に自殺率の低い自治体であることがわかった。

表1に、自殺率の低い順に一番目から十番目の自治体を示している。興味深いことに、海部町以外の九自治体すべてが、「島」だった。私は、この研究ではできる限り、全国に数多《あまた》ある標準的なコミュニティを研究対象にすべきと考えていたので、「島」という特殊な地勢を除外したところ、トップテンの中で海部町だけが残ったのである。ある意味、「日本でもっとも自殺率の低い町」といえるのかもしれない。そう思った。

私はこれを確認した日から、海部町での調査をいかにして実現させることができるかと、そのことばかり考えるようになった。自殺へと傾いていく人々を引き止める、そのための手がかりを、この町へ行って見つけ出せることができるのかもしれないと思うと心が逸《はや》った。

日本の中に、「自殺希少地域」がある。

毎年三万人が自殺により亡くなっていく日本に、先進七ヵ国中自殺率がワースト一位の日本に、「自殺希少地域」が確かにある。

この発見自体が、素直に嬉しかった。


さっそく、指導教授と相談しながら、海部町での研究の目的や計画について書類を整えた。海部町（現海陽町）役場に電話をかけ、これこれの調査を行いたいと考えており、ついてはお願いの書面を出したいがどの部署にお送りすればよいでしょうか、と問い合わせたところ、保健福祉課だろうという返事だった。

書類を郵送し、届いたタイミングを見計らって電話をかけ、できるだけ好意を持ってもらえるよう言葉づかいに気をつけながら調査許可の諾否をたずねる。すると電話に応じた担当者はもったいぶる様子もなく、あっさりと承諾の決定を伝えてくれた。私は思わず声をはずませて繰り返し礼を述べたが、なにがそんなに嬉しいのかと、相手は電話の向こうで訝《いぶか》しがっていたかもしれない。

まずは幸先のよいスタートを切った。暗中模索、試行錯誤の長い道程が始まったのは、そのあとのことである。

危険因子はどの町にもある

地域において自殺の危険を高める因子＝自殺危険因子が多いほど、あるいは強いほど、その地域の自殺率は高まる。この論理をふまえれば、海部町に自殺が少ない理由についてひとつの仮説を立てることができる。海部町のコミュニティには、「自殺危険因子」がそもそも他の地域より少ないのではないか、という仮説である。

内閣府の白書によれば、日本人の自殺の動機でもっとも多いのが「病苦・健康問題」、ついで「生活苦・経済問題」、これら二つで全体のほぼ七十パーセントを占めている。自殺の動機とはすなわち、自殺危険因子でもある。

自殺希少地域である海部町においては、そもそも「病苦・健康問題」や「生活苦・経済問題」といった問題が極めて少ないのかもしれない。この仮説を検証するために、海部町とその両隣に接する町、合わせて三町を対象として比較してみた。

先に述べたことであるが、両隣の町の自殺率が全国平均並みだったのに対し、海部町は突出して低い。地形や気候、産業構造、住民の年齢分布など、多くの類似点をもつ三町でありながら、自殺率にこれだけの差があることが不思議だった。

このときに海部町とその両隣の二町を比較対象に選んだ理由はいくつかあるが、そのひとつは、これら三町が同じ警察管区、同じ医療圏内に属していたことである。自殺により死亡した人について調査し報告書を作成するのは、警察官と医師の務めであるのだが、医師が遺族の要望を受けて死体検案書に別の死因を記入することがあった、という話を聞くことがある。九〇年代に記入方法が改訂になって以後、こうしたことは減ったと言われているが、依然としてその点に疑念をいだく人もいる。

しかし、海部町とその両隣の町では、過去三十年間に起きたすべての自殺に対し、三町に共通する歴代の警察官と医師が対応している。この縛《しば》りをかけることで、海部町の自殺件数だけが恣《し》意《い》的に減らされているという可能性をあらかじめ封じておきたかったのである。

自殺危険因子である病苦や健康問題については、住民の三大疾病死亡率、住民一人当たり医療費、要介護認定比率、住民一人当たり医師数や診療所数などのデータを用いて比較した。経済問題については、住民一人当たり所得や失業率、生活保護被保護率などを用いて比較した。

その結果、自殺希少地域である海部町にも隣接する他の二町にも、病苦や健康問題、経済問題に関する自殺危険因子は同じように存在していた。海部町だけがこれら危険因子から免れているというわけではなかったのである。

この時点で、自殺の少ない町ではそもそも自殺危険因子が少ないという仮説は、成り立たないこととなった。

第二の仮説へと進む

自殺率の高い地域にも低い地域にも、自殺危険因子は等しく存在していることがわかった。となれば、自殺の発生が極めて少ない海部町には、自殺危険因子の影響を緩和する特別な要素が潜在しているという可能性が考えられる。

そこで私は、第二の仮説を立てて調査を先へ進めることにした。

第二の仮説とは、次のとおりである。

自殺希少地域である海部町のコミュニティにあって自殺多発地域にはない要素、もしくは海部町には強くあらわれているが自殺多発地域では微弱な要素——、それらがすなわち、「自殺予防因子」である。

この仮説を握りしめて、私の現地調査が始まった。

第二章

町で見つけた五つの自殺予防因子

――現地調査と分析を重ねて

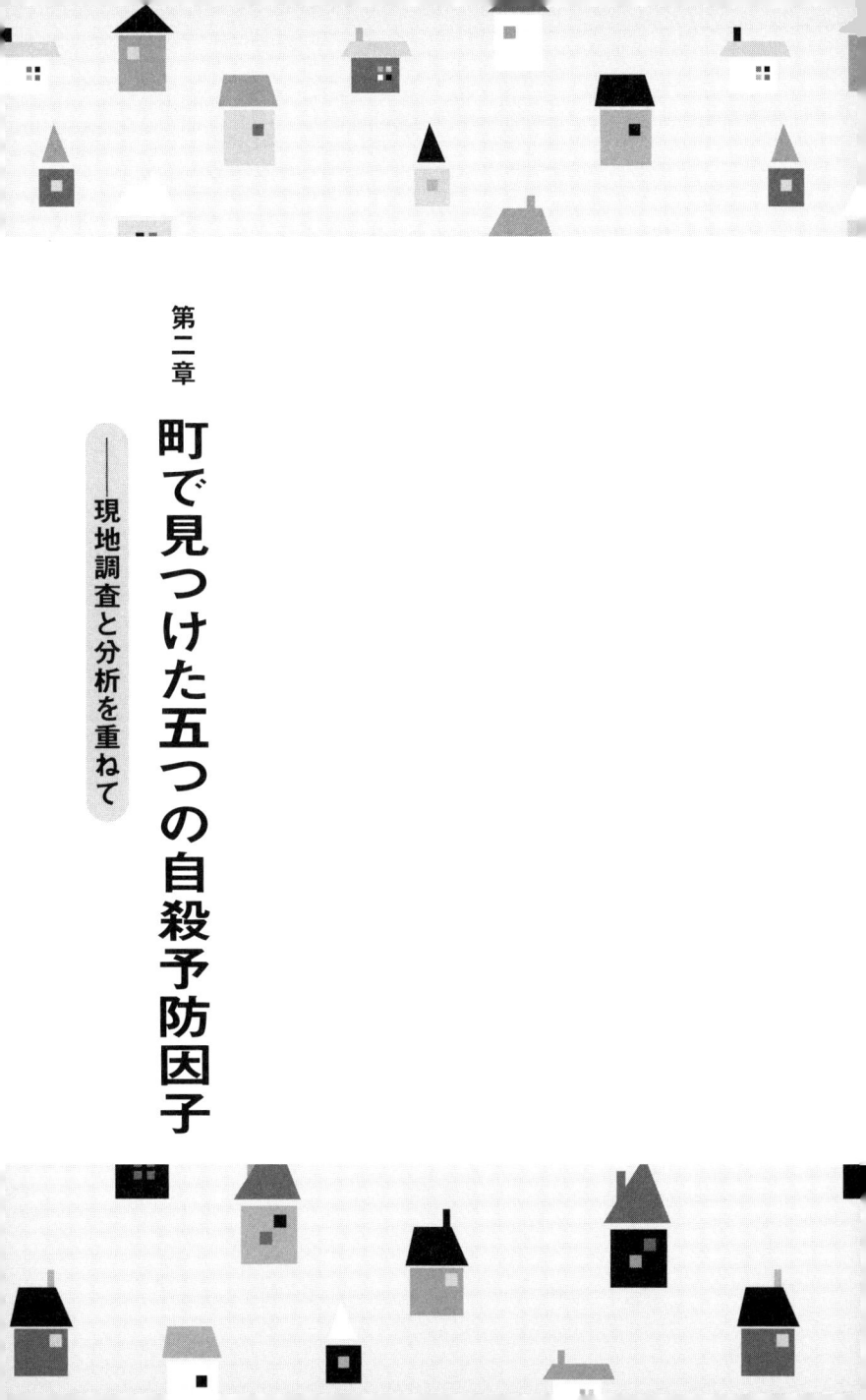

海部駅に初めて降り立ったのは、二〇〇八年の夏、夜遅い時間だった。小さな無人駅で、降車したのは私ひとり、そこらじゅうで虫がりーりー、りーりーと鳴いていたのを覚えている。

旅館のご主人がバンで迎えに来てくれていた。このあと、駅から旅館まであっという間の距離と知ることになるのだが、方向音痴の私が旅館にたどり着けないことを恐れて、あらかじめ迎えをお願いしてあったのだ。

大学院の友人たちからは、「方向音痴なのに、初めての土地でひとりでフィールド調査って、それ大丈夫なの?」と心配されていたが、その点私は平気だった。確かに方向音痴は厄介だったが、その結果迷子になったときの「なんとかなる」という根拠のない思いこみとお気楽な性分もまた人一倍持ち合わせていたので、相殺《そうさい》の結果、平気だったのである。

旅館と、ご主人と奥さんの住居は棟続きで、いつでも声をかけてくれと言ってくれる。案内された部屋は広く、掃除が行き届いていた。床の間には活けたばかりの新鮮な花木があり、座卓の上にお茶とお菓子が用意されていて、ほっこりとした気分になった。長旅で疲れていたのでその夜は早めに布団に入り、あっという間に眠りにつく。

翌朝、旅館を出て役場へ向かった。海部町は二〇〇六年に両隣の町と合併して海陽町となっているので、正確には海陽町役場の海部支所ということになる。車で送ってくれるという親切な奥さんの申し出をお断りして、きょろきょろしながら歩いているうちに着いた。その後長いつきあいとなる保健師の女性が、笑顔で出迎えてくれた。

まず、彼女について役場の中をひと巡りする。私が今後調査を進めていく上で重要となる各部署を回り、キーパーソンを次々と紹介してもらった。どの人も私の調査目的は先刻承知であり、「遠いところをよう来はったなあ」と愛想よくねぎらってくれるが、中には「ほんまに、（海部町の自殺率が低い理由が）何かわかるんかいな」と首を傾《かし》げている人もいる。

確かに私自身も、なんの見当もないままこの町にやって来た。「ええ、簡単にわかることではないと思いますし、いつまでかかるのかも正直わかりません。ご面倒をおかけすることと思いますが、どうぞよろしくお願いいたします」私がかしこまって挨拶すると、「ご面倒いうたかて、別になんも。町を見てもろても、減るもんやなし」と言った人がいて、これには思わず吹き出した。

①
海部町、海部大川の岸辺

どうやら私の調査にうるさく注文をつけようという人はいないらしく、まずは安堵《あんど》する。実際、その後も口出しされることはほとんどなく、私は心置きなく調査に専念することができた。

次は役場の外に出て、保健師さんの運転で町を案内してもらった。総面積二十七平方キロメートル弱の小さな町なので、小一時間で回ることができる（写真①）。しかしそんな小さな町の中にも、農業地区、漁業地区、商業地区とエリアが分かれていて、景観も異なっていた。

商業地区と、特に漁業地区の住宅が非常に密集していることについては、資料を読んで予備知識があったのだが、想像を絶する過密ぶりだった。立錐《りっすい》の余地もないとはこのことかと感じ入るほどに、びっしりと家々が立ち並んでいる。町の老人の中には、このあたりを「地球上でもっとも人口密度の高い場所」と信じている人がいるが、あながち間違ってもいないという気持ちにさせられるくらいの密度だった。「建ぺい率」なんのそのだ。

案内してくれた保健師は、目が釘付けになっている私を見て笑いながら、「ここへ初めて来た人は、みんなほないに驚きはるね」と言った。

彼女は海部町の住人ではないが、二十年余にわたりこの町を担当しているベテラン保健師のひとりだ。白状すると、私はこの調査を始めるまで、保健師の仕事の何たるかをよく理解していなかった。保健師とは保健指導に従事する専門職、国家資格だ。看護師の免許をもっていることは資格要件のひとつである。しかし、こうした定義を読んだだけでは、実際の仕事内容とその幅広さを想像することは難しい。

保健師が行う仕事の領域は産業保健活動と地域保健活動に大別されることが多いのだが、私がこの調査を通じて出会った保健師とは後者を指す。住民健診の計画や実施、住民の健康状態の評価、母子保健のための検診や子育て支援教室の開催、身体的・精神的に障がいのある住民やその家族の支援、要介護者への対応や施設入所の手配、これらに伴う行政や医療機関との連携、各種委員会への出席、昨今増えてきているのはうつやひきこもりの問題への介入など、ここにすべてを挙げることはとてもできないが、その内容は多岐にわたっている。

そしてこれらを行うために、家庭訪問も頻繁に行う。住民の日常的な相談にのったり、個人的な悩みを聞いたりする立場になる機会も多い。

海部町に入って最初の一日を終える頃には、私は保健師という仕事の幅の広さ、奥の深さに舌を巻いていた。彼女以外の保健師たちとも知り合うにつれさらにその思いを強め、「地域のことを知りたければ、まず保健師さんに聞け」という図式が私の頭の中にできあがった。こういう人に会いたい、こんなところへ行きたい、これこれのデータが欲しい——調査を進めるにあたり、これまで私はどれだけの頼みごとをしてきたことか。彼女たちは億劫《おっくう》がることなくつねにてきぱきと対応し、私の望みをかなえてくれた。

「この町は何かがほかと違う」

この日、保健師さんの運転で町中を走っていたとき、私は彼女にひとつの質問をした。彼女が初めてこの町に赴任したときの、海部町の第一印象を尋ねてみたのだ。

「うまく説明できんのやけど……」と彼女は言いながらも、「この町は何かほかと違うところがあるて、思いますよ。ほない言うてる人はほかにもいます」と答えた。

海部町は、うまく説明できないが何かほかと違う。

これを聞いて、私の心はときめいた。ほかと違うところは特に見当たらないと言われても、仕方ないと思っていたのだ。そう言われ続けても、地道に調査を進めるしかないと覚悟していただけに、地元の人が「なにかが違う」と感じていることを知っただけでも、朗報だった。ゼロかもしれないと思っていたところが一に進んだのだから、この意味は大きかった。

以来私は、調査や分析に疲れたときなどにこのことを思い返しては、心の拠《よ》り所《どころ》にしていた。いまふり返っても、あのときにあの言葉を聞けたことは本当に有難かったと思う。

町に滞在するときはいつも、役場の自転車を使わせてもらっていた。

この町の旅館と役場、インタビュー相手が待つ自宅や会場、それから、滞在中の食料を仕入れるためのスーパーマーケット、これらの場所を行き来するのに欠かせない、私の大事な交通手段だ。ごく小さな町なので、自転車さえあればさほど不自由は感じない。

道端に自転車を停め、保健師さんが手描きで作ってくれた町内地図を広げていると、通りがかりの住民が「迷いよん（道に迷ったのか）」と声をかけてくれる。私が方向音痴であることは見抜かれているらしい。ここの住民はよそ者に慣れているようだと、町に入った当初から感じていた。

晴れた日にはその自転車で、「海部大川」の橋のたもとに走って行く。緑濃いなだらかな山を伝って降りてくる清流が、水を集めながらやがて広大な川となって、ゆったりと海に流れこんでいる。海部大川の橋は、流れがもうすぐ太平洋に行き着くというその手前にある。きらきらと陽光を照り返す水面をながめていると心の凝《こ》りがほぐれていくのを感じ、いつも深呼吸をしたくなるのだった。

夕暮れ時の、人気《ひとけ》のない小さな漁港も好きだ。早朝には漁師とかもめがにぎやかにひしめいているが、昼までにはすっかり鳴りをひそめる。仕事を終えた漁船が波間に並び、静かにたゆたっている。

そして、夏の宵《よい》に細い路地を歩いていると、家の前の縁台に腰掛けておしゃべりをしている人たちによく出会う。ひとつの縁台にふたりで向かい合って座っていることもあれば、五人が等しく前を向いてぴっちりと並んでいることもある。

その一帯に住むご近所さん同士だが、集う時間も場所も、そして顔ぶれも、決まりごとは何ひとつない。男はランニングシャツに短パンやステテコ姿、女も湯上り着のようなくつろいだ服装で、素足に突っ掛け（サンダル）を履いてやって来る。縁台の足元には、必ず蚊取り線香が灯されている。

私が初めて町の調査に入ったその翌日、こうした夕涼み中の住民たちから「いま、あんたのこと話しよったんじぇ」と声をかけられ、かなり面食らったことを思い出す。

自殺予防因子―その一
いろんな人がいてもよい、いろんな人がいたほうがよい

現地に入った当初は、ひたすらインタビューをおこなった。

対象者は、地域の行政や医療福祉、教育などに従事する関係者たち、そして老若男女の一般住民。最高齢は八十九歳、最年少は小学校六年生学級の児童たちだっ

た。二百人を超えてからは数えていないが、この中には繰り返し話を聞いた人も大勢含まれている。

社会調査で研究者が行うインタビューの定石《じょうせき》のうち、よく使われる手法としては「構造化インタビュー」や「半構造化インタビュー」がある。

前者は、あらかじめ系統立てた質問項目と回答選択肢を定めておき、その手順にそってインタビューを行う形式を指す。のちに回答を得点化するなどして、数量的な分析にかける場合に多く用いられる。後者は前者をもう少し緩めた形式といえるが、やはり系統立てた質問を行う点では同類である。いずれも、録音から逐語《ちくご》記録を作成して分析する。

しかし私は、これらの定石はとらないと始めから決めていた。

海部町ではなぜ極めて自殺が少ないのか——その答えは皆目《かいもく》見当もつかない状態で、生半可な質問をあらかじめ作っていっても役に立たないだろうと思っていたからである。自分の頭の中で想定できる範囲などたかが知れているのだから、現地に入ったら、まずはどんな話でもひたすら聞こうと思っていた。

そして、一対一の対面インタビューではなく、できる限りグループインタビューの形式をとった。数名の参加者が互いの記憶のほころびを補いながら会話を進めるうちに、当時の感情が呼び起こされたり、勢いがついて話題が意外な方向へと転がっていったりする。こうした現象を「共同想起《そうき》」効果と呼ぶが、これは、質問者と回答者が一対一で対峙《たいじ》している場合にはなかなか期待できない。複数の人間でわいわいと話していると、思いがけないところからインタビュアーの予測を超えた話を聞くことがある。

赤い羽根募金が集まらない

「海部町では、赤い羽根募金が集まらんのです」

昼食後のややけだるい時間帯、役場の一室を借りて職員たちからヒアリングをしていたときのことだった。どの人も、おそらく私自身も、眠気の薄い膜がかかったような顔つきで言葉を交わしていたとき、ひとりの男性職員がぼそりとつぶやいたこのひと言に、私の頭の中の電球がティン！　と点《とも》った。

ほかの職員たちもにわかに覚醒《かくせい》し、「ほうやほうや（そうだそうだ）」とにぎやかに彼の言葉に同意を示す。「なんですか、それ。どういうことですか」と、身を乗り出した私に、その職員は次のような話をしてくれた。

隣接する他の町村では、赤い羽根の募金箱を回すだけで住民たちがおとなしく、みんながほぼ同額の募金を入れて次へと送ってくれる。しかし海部町では、そうすんなりとはいかない。まず、「だいたいが赤い羽根て、どこへ行て何に使われとんじぇ」と問い詰められて、担当者はたじたじとなる。他町ではついぞ聞かれないやり取りであると言う。

すでに多くの人が募金をしましたよと言ってみたところで、「あん人らはあん人。いくらでも好きに募金すりゃええが。わしは嫌や」とはねつけられる。

しかし、たんなるケチやわからず屋とも違う。「わしはこないだの、だんじり（祭りに引く山車《だし》）の修繕には大枚はたいたけどな。ほないわけのわからんもん（赤い羽根募金）には、百円でも出しとうないんや」と、筋の通ったことを言う。

海部町ではそのような「文句言い」が少なくなく、行政の福祉担当者は手を焼くことになる。結果として、海部町の募金額は周辺地域の中でもっとも少ない。

「こういう海部町独特のエピソードって、ほかにもありますか」

私が問うと、さっきと同じ職員が「老人クラブやな」と即答した。赤い羽根募金の次は老人クラブ。奇妙な取り合わせにこれまた大いに興味を惹かれたが、彼の説明を聞けば、二つの事例がまったく同じ根を持っていることはすぐ理解できた。

老人クラブ（もしくは老人会、敬老会など）は、高齢の住民のために福祉活動を行う地域に根差した組織である。自治体ごとの老人クラブ加入率は、社会学の分野ではコミュニティの連帯や住民の帰属意識を測る指標として参照されることもある。

役場の担当者は、高齢に達した人や仕事から引退した人、配偶者と死別して独居になった人などに声かけをして加入を勧めるが、海部町においては、赤い羽根募金のときと同じ反応が返ってくる。隣人たちと連れだって入会したり、誰かに義理立てして入会したりという発想はまったくない。他の人が入ろうが入るまいがどうでもよい。自分が入りたいと思えば入る。ただそれだけなのである。赤い羽根募金と同様に、海部町の老人クラブ加入率は周辺地域の中でもっとも低い。

これらのエピソードの興味深いところは、募金や老人クラブへの加入を拒む人々が、他人と足並みそろえることにまったく重きを置いていない点にある。おそらくではあるが、自分ひとりが他と違った行動をとったとしても、それだけを理由に周囲から特別視される（現代風に言えば、「浮く」）、またはコミュニティから排除されるという心配がない、ということが前提となっているのではあるまいか。

海部町の赤い羽根募金の話をよそへ行って伝えると、驚かれることが多い。他の町や村では「他の人は募金したのかどうか」、「金額はいくらだったのか」を気にする人が圧倒的に多い。平均的な値より高くもなく低くもない金額を募金したいという心理が働くのが常だと言われる。

こうしたエピソードを軸に海部町で知りえたさまざまな事例をつなぎ合わせていくと、「統制」や「均質」を避けようとする海部町民の傾向が浮かび上がってくる。象徴的な例に、「朋輩組《ほうばいぐみ》」がある。

例外だらけの相互扶助組織

「朋輩組」とは、海部町に現存する江戸時代発祥の相互扶助組織である。類似の組織、たとえば「若者組《わかものぐみ》」などと呼ばれる地域の相互扶助組織はかつて近隣各地にあったが、現在も機能しているのは「朋輩組」のみとされている。

メンバーは地域住民で、中学または高校を卒業した年頃の男子（近年は女性も）が加入する。四、五歳の年齢幅で同世代のメンバーたちがグループを作り、それらグループが積み重なって「朋輩組」全体を成している。この構造は「若者組」をはじめとする類似組織によく見られる形態で、民俗学の分野では「年齢階梯型構造」と呼ばれている。年代が上がるにしたがって「下回り」「小若衆《こわかいし》」「若衆《わかいし》」などと、組織内での役名と任務が変化する（図1）。

主たる活動は農業や漁業など生業にかかわる連携、地域の保安、普請《ふしん》（家屋の修繕）、冠婚葬祭の手伝いなど、地域住民の日常生活に密着しており、メンバーが暮らすコミュニティと不可分の関係にあると言ってよい。

海部町の「朋輩組」には、いくつかのユニークな点がある。江戸時代から続く組織でありながら会則と呼べるものはなきに等しく、入退会にまつわる定めも設けていない。他の類似組織はというと、その多くが事実上の強制加入制であり、なおかつよそ者の参入を頑として認めていない。近隣地域にかつて存在した相互扶助組織では、「三代続けてこの地に持ち家を有する家筋」にのみ入会が許されていた。しかし「朋輩

図１　「朋輩組」の構造と機能

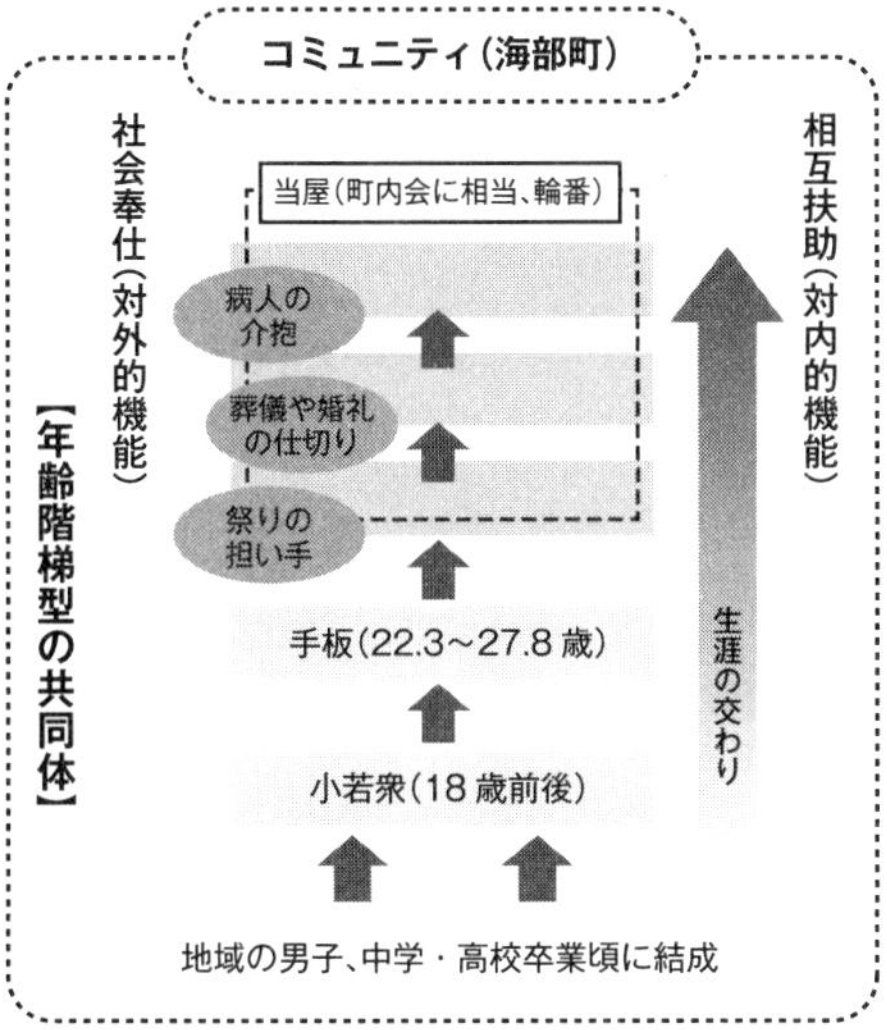

組」ではよそ者、新参者であっても希望すればいつでも入会（退会も）できるし、こうした歴史の長い組織には珍しく女性の加入も拒まない。

また、先に述べた赤い羽根募金や老人クラブのエピソードと同じように、入退会については個人の自由意思が最大限尊重されている。自分は入りたくないと言って拒む住民もいるが、そのことでなんら不利益を被《こうむ》ることがないというのが注目すべき点である。このことは、他の類似組織との最大の相違点でもある。

他の類似組織の多くは閉鎖的構造を作り上げ、メンバーの均質性を高めることによって統制という機能を強化している。これに対し「朋輩組」は、ミニマムルールによって弾力性の高い構造を維持し、開放的で風通しがよく、来るものを拒まず、去るものを追わない。その結果として、メンバーたちの組織に対する考えやかかわり方、忠誠心などは十人十色《じゅうにんといろ》となっているのだが、あえてそれらを是《ぜ》としている様子がうかがえるのである。

「朋輩組」の類似組織のひとつに、鎌倉時代発祥の相互扶助組織「無尽《むじん》」がある。甲州地方に広く根づいている「無尽」は、国政選挙や地方選挙の票田《ひょうでん》としての機能が常態化しており、その年に各地の「無尽」の世話役にあたった者が票の取りまとめ役として奔走したことがよく知られている。この点について同様のことがあったかどうか、私は海部町の「朋輩組」古株メンバーに尋ねてみた。老人は、この質問に驚いた様子だった。

「誰に投票するかは、個人の自由や。人に強制やしたら、いまの言葉で言うたらなんじぇ、ダサイ、ちゅうんか。野暮《やぼ》なことやと言われる」

赤く日焼けした顔に白髪を戴《いただ》いた老人の、「個人の自由」という言葉を気負いなく口にする姿が粋《いき》だった。

海部町コミュニティの多様性重視の傾向について、もうひとつ紹介したいエピソードがある。

小中学校の特別支援学級の設置について、海部町と他町との間で意見が分かれているという話を小耳に挟んだことがあった。特別支援学級とは、知的もしくは身体的に障がいを持つ児童生徒に対し、特別な支援を行うための学級である。子どもたちの諸事情や成育段階に合わせ、異なるニーズに丁寧に対応する教育を目指すとされている。この特別支援学級の設置について、近隣地域の中で海部町のみが異を唱えているというのである。

このことを話してくれた人は、海部町がそうした態度をとる背景には、障がいに対する偏見が潜在しているのかもしれない、と言った。私はその場でのコメントは控えたが、海部町が異を唱える理由について私なりの見当があった。

自分の仮説を確かめたくて、早くその場を去りたくてうずうずした。旅館の部屋に戻るなり、海部町に住む知り合いの町会議員に電話をかけ、彼が先入観を持たないように慎重に言葉を選んで尋ねた。これに対し、彼の説明は拍子抜けするくらい明快で、言葉によどみのないのが印象的だった。彼は、特別支援学級の設置に反対する理由として、このようなことを言った。

他の生徒たちとの間に多少の違いがあるからといって、その子を押し出して別枠の中に囲いこむ行為に賛成できないだけだ。世の中は多様な個性をもつ人たちでできている。ひとつのクラスの中に、いろんな個性があったほうがよいではないか。

私が抱いていた仮説は当たっていた。改めて彼自身の言葉によって裏付けられたことが嬉しく、受話器から聞こえる淡々とした口調を聞きながら、視界が晴れていくような爽快感があった。

住民アンケートによる裏付け

海部町にまつわるこのようなエピソードに一貫してあるのは、多様性を尊重し、異質や異端なものに対する偏見が小さく、「いろんな人がいてもよい」と考えるコミュニティの特性である。それだけではなく、「いろんな人がいい、たほうがよい」という考えを、むしろ積極的に推し進めているように見えてならない。

海部町およびその他地域の住民を対象としたアンケート調査結果にも、この特性の一端はあらわれていた。

私は、本書巻末の「調査と分析の流れ」で説明するとおり、自殺希少地域と多発地域のコミュニティ特性を把握し比較するために、それぞれの地域の住民を対象としたアンケート調査を過去二回行っている。対象とする地域から無作為《むさくい》に抽出された二十歳以上住民、第一回は千三百四十一人、第二回は千九百九十人に質問紙を配付し、回収率は八十九・八パーセントと九十六・一パーセントであった。三十八の大項目と四十二の小項目があり、合わせて八十の質問項目から構成されている。

この調査の最終的な目的はコミュニティに潜在すると思われる自殺予防因子を見

つけ出すことにあったのだが、このアンケート調査で自殺もしくはそれに関連する事柄について尋ねたのは全八十項目のうち二項目だけである。この調査では、自殺の少ないコミュニティに暮らす人々の価値観や処世術、無意識にとられている行動パターンなどをあぶり出したかったのであり、自殺に対する考えを直接尋ねることは主たる目的ではなかったからである。

住民の価値観や処世術、行動パターンなどを知るための項目としては、地域や隣人とのかかわり方、助け合いに関する意識、他者を評価する際の基準、政治に対する態度、教育や家庭に関する意識、幸福感、格差感、社会階層意識などを尋ねることとした。既存の社会調査で繰り返し使われている項目をなるべく用いるようにし、さらに、海部町でのフィールド調査で私が「これは」と感じた特徴について確かめるための項目を混ぜ入れた。

このアンケート調査の結果を分析することにより、自殺希少地域である海部町にあって自殺多発地域にはない要素、あるいは海部町に強くあらわれるが自殺多発地域では微弱な要素、そうした地域間の差異を抽出するのがねらいである。海部町だけに特徴的に示される傾向を把握することにより、それが自殺への傾きを抑制する「自殺予防因子」である可能性を検討したいと考えていた。

集計結果から、自殺希少地域と多発地域との間に明らかな差異が見出された場合、それだけでも十分に意味のある知見といえるが、これが偶然の結果ではないことを確認し、統計的にも意味のある差異であるかどうかを検証するための算出式がある。こうした手続きをとった分析結果を「統計的に有意な差がある」と言いあらわす。このあと紹介するアンケート調査の分析結果は、いずれも自殺希少地域と多発地域との間に統計的に有意な差があった、「偶然ではなく意味がある」項目である。

質問項目のひとつに、コミュニティの排他的傾向の度合いを測ることを目的とした質問があった。質問の文章は、「あなたは一般的に人を信用できますか」というもの。かなりざっくりした問いなので心もとないものがあったが、かつて全国で実施された社会調査の項目にそろえた文章である。自殺希少地域である海部町と、自殺多発地域であるA町（と、本書では仮に呼ぶ）を比較すると、「信用できる」と考える人の比率は海部町がより高く、統計的にも有意な差があった（表2）。

さらに、この質問には続きがある。「相手が見知らぬ人である場合はどうですか、信用できますか」という問いである。相手が見知らぬ人となれば警戒心が強まるのは自然なことであるから、いずれの町においても最初の問いに比較して相手へ

表２　排他的傾向の度合い

		肯定	⇒	否定
ほとんどの人は信用できる（２群間で有意差）	**海部町**	35.1	31.1	33.8
	自殺多発地域Ａ町	18.9	49.8	31.3
相手が見知らぬ人であっても、ほとんどの人は信用できる	**海部町**	27.6	28.3	44.1
	Ａ町	12.8	42.8	44.4

値は％　P<0.001（有意な差があったことを示す値）
表中の⇒は、より否定へと向かうことを意味する（以下同じ）

の信用度は低下する。ただし、海部町の信用度の下降は二十一・四、Ａ町は三十二・三と、海部町の落差がより小さい。つまり海部町は、相手が身内であるかよそ者であるかによって大きく態度を変えない、排他的傾向がより小さなコミュニティであると、このアンケート調査結果からも解釈できるのである。

自殺予防因子―その二
人物本位主義をつらぬく

ここでいう人物本位主義とは、職業上の地位や学歴、家柄や財力などにとらわれることなく、その人の問題解決能力や人柄を見て評価することを指している。

調査を開始した当初から、海部町コミュニティの特徴として人物本位主義があると感じていた。ただ、なぜそう感じたのかと聞かれると説明が難しい。なんとなく感じたとしか言いようがないのであるが、あえて説明を試みれば、地域住民の尊敬を集める人物にある種の共通点が見られたということだろうか。

その人たちは一見したところ、ステレオタイプの「重鎮《じゅうちん》」「ひとかどの人物」の型にはまってはいない。初対面の挨拶を交わしただけでは、つかみどころがない場合も多い。たいそう口が重く、大丈夫かなこの人……とやや不安を抱えつつ窺《うかが》っているようなときも、それは最初の数分だけのことで、相手が私の質問の本質を誤らずとらまえて実に無駄のない答えを返してくれていることに気づく。周囲がよく見渡せていて偏りがないことも、彼らに共通していた点である。なぜ彼らが地域で高い評価を得ているか、納得がゆく。

私たちは人物を評価する際に、受け売りのインテリ風言葉づかいや自分をより大きく見せるためのパフォーマンス、さらに付け加えれば職業上の地位や学歴など、ともすればこうした表層的な要素やアクセサリに惑《まど》わされがちであるのだが、どうやら海部町の人々は、あまり惑わされないらしい。地域住民が敬意を表するという相手に出会うたび、彼らが人物を評価する際の眼力にひそかに感心していたのだった。

人物本位主義の傾向は、町の人事にも反映されていた。たとえば海部町の教育長の人選である。

教育長は町の重役のひとつである。一般的には教育者として長年キャリアを積み、中学の校長を務めるなどしたのちに選任されるケースが多い。だが海部町では違った。これからの教育には企画力が重要であるとの考えに基づき、商工会議所に勤務していた四十一歳の、教育界での経験は皆無という男性が抜擢《ばってき》された。部外者にとってはちょっとしたサプライズ人事であるが、海部町では適材適所を検討しているうちにこうなった、という説明になる。

今でこそ、教育界以外の民間人を校長に採用する公立校なども出てきているが、海部町のこういった人事は約三十年前から行われていたというのだから注目に値する。こうした方針を町のトップが代々引き継ぎ、年齢や経歴にとらわれない人事が続いていたという話である。

この点についても、さらにアンケート調査によって確認している。地域のリーダーを選ぶ際にどのような条件を重視しますか、という問いである。予想どおり、問題解決能力を重視すると答えた人の比率は海部町により高く、学歴を重視すると答えた人の比率はより低かった（表3）。

表3　地域のリーダーを選ぶ際の基準

		肯定	⇒	否定
問題解決能力を重視	海部町	76.7	17.9	5.3
	A町	67.3	23.6	9.2
学歴を重視	海部町	6.8	24.6	68.6
	A町	13.3	17.6	69.1

値は％　P<0.05

年長者だからといって威張らない

海部町では、一般的な意味で年長者を立てる習慣はあるものの、「歳が上がれば自動的に偉くなるとは限らない」と思っているふしがある。江戸時代から続く海部町の相互扶助組織「朋輩組」では、年長者が年少者に服従を強いるということがない。年少者の意見であっても、妥当と判断されれば即採用される。

中学を卒業した年頃の男子が次々と入会する組織である。体育会系の部活動にありがちな、先輩によるしごきなどはないのですかと私が問うと、「ほない野暮なこと、誰もせんわ」と一笑に付された。

こんなことがあった。

その日私は、海部町の秋祭りの準備に参加させてもらっていた。町最大のイベントである祭りの仕切りは、「朋輩組」のもっとも重要な活動のひとつである。祭り当日には華やかな飾り付けのだんじりが引かれ、その上で「打ち子」と呼ばれる六歳から十二歳の子どもたちがお囃子《はやし》を奏する。連日連夜、彼らを集めて稽古をつけるのは「朋輩組」の中堅メンバーである若衆《わかいし》の役目である。

その日は祭りの前夜であり、稽古は最後の仕上げに入っていた。十分な出来と言えなくもないが、やや心もとない部分もあった。しかし夜も更けて、同じ曲を繰り返し演奏する子どもたちの顔には疲労の色が濃い。太鼓のばちを握る小さな手に、力がこもらなくなってきていた。

これ以上続けるのは、かわいそうだよ——私が心の中でつぶやいたそのとき、リーダー格の若衆が子どもたちに声をかけた。

「おまえらがこれで明日は大丈夫やと思うんやったら、ここで稽古を止めて帰ってええんじぇ。どうする?」やさしい声だった。

これを聞いた子どもたちは戸惑い、「若衆が、決めて」と頼むが、リーダーは

「いいや、おまえらが決めたらええ」と押し戻す。子どもたち同士で相談の結果、もう一回稽古をして終わりにするということが決まった。ラストの稽古は首尾よく進み、子どもたちは皆すっきりした表情で家路に着いた。

見ていた私は感心した。大事な場面での決断を子どもたちに託すというリーダーの裁量と、子どもたちのやる気を再燃させる巧みな動機づけに。疲れた子どもを叱《しっ》咤《た》してあのまま稽古を強いても、よい成果は得られなかったであろう。子どもらが自分たちで決めたことで最後の稽古への集中力が一気に高まったことは、誰の目にも明らかだった。

年長者が年少者を抑えつけない。「朋輩組」のこの特性について、私は類似の組織に関する数多《あまた》の文献を読み、同じ四国にある相互扶助組織「若者組」を訪ねて元メンバーたちからの聞き取りを行うなど、詳細に調べてみた。

その結果として、「朋輩組」におけるこうしたメンバー間の関係性は、類似組織の中では例外に近いことがわかった。

私が聞き取りを行った、他県にある「若者組」の元メンバーたちは、入会してからの最初の三年間がいかに忍従の日々であったかを口々に語った。どのような理不尽な内容であっても、先輩の言いつけにそむいたり対応できなかったりした場合には厳しい制裁が待っている。八十歳代の元メンバーは、のちに軍隊に入ったときにむしろ楽に感じたほど、それほどまでに辛い日々だったと言いきった。

彼らの話によれば、年長者による年少者へのしごきは代々継承される性質を持っていた。最年少時代の忍従の期間には、やがて自分が年長者になる日のことを指折り数えて待つような気持ちになる。だから、自分の「番」が回ってきたときに結局は同じことを繰り返してしまう、なかなかこの流れは断ち切れないものだと述懐していた。中には組織の体質を変えたいと考えるメンバーもいたが、少数派であったため抜本的な変革にはいたらず、時代とともに「若者組」の機能が衰退していくにつれ、これらの慣習やさまざまな掟も消滅していったということだった。

海部町の「朋輩組」メンバーたちに、別組織のこのような実態を話すと、皆「へぇえ」と目を丸くしている。どうやら、自分たちの組織がいかにユニークであるかの自覚がなかったらしい。

自殺予防因子－その三
どうせ自分なんて、と考えない

この点については、まずアンケート調査の結果から述べようと思う。質問項目のひとつに、このような問いがあった。

あなたは、「自分のような者に政府を動かす力はない」と思いますか。

「そのような力なんてない」と感じている人の比率は、海部町で二十六・三パーセントであったのに対し、自殺多発地域であるA町では五十一・二パーセントと二倍近くであり、二町間の差の大きいことに驚いた。A町では、二十歳以上住民の実に半数以上が政治に対する無力感を抱えているということになる（表4）。

すでに何度か言及したこのアンケート調査であるが、質問紙作成の段階で項目の検討にはかなりの時間を割《さ》いた。これまでに行ったフィールド調査の結果から「このあたりが海部町に独特の要素ではなかろうか」という当たりをつけ、それらを検

表4　有能感（自己効力感）の度合い

		肯定	⇒	否定
自分のような者に政府を動かす力はない	**海部町**	26.3	31.9	41.8
	A町	51.2	21.6	27.2

値は%　P<0.001

証できるような質問文と回答選択肢を、過去に実施された社会調査などを参照しながらひとつひとつ考えていく。できる限り既存の項目にならうようにするが、それでもフィットする項目が見つからない場合には独自に作成する。

質の良いアンケート調査を行うには、準備段階に応じていくつかの重要なポイントがある。この点について、以下に少し説明したい。

そのひとつは、調査対象となる集団の「代表性の確保」である。住民全員に答えてもらえるのならそれに越したことはないが、手間とコストを考えると非現実的である場合も多く、その代わりに、抽出という方法を使う。つまり、選ばれた人々に代表選手となって答えてもらう。

一回目の調査では千三百四十一人、二回目の調査では千九百九十人を対象としてアンケート用紙を配付したが、これらは選挙人名簿から無作為抽出された人たちである。ただし、たんに無作為抽出したのでは偏りが生じる場合——たとえば高齢者比率の高い地域では高齢者の意見ばかりが反映されるなど――結果に偏りが生じる可能性があるため、これを避けるためにあらかじめ年齢階層ごとに分割し、それぞれから同数ずつ無作為抽出をするなどの工夫をする。

居住区域についても同じ注意を払う。たとえば海部町は農業地区、漁業地区、商業地区の三つに大別されているため、それぞれから同数ずつを無作為抽出する。このようにして、アンケートに答える人々がその地域を代表しているといえる状態に近づけていく。

次の段階で注力するのが、アンケートの「回収」である。

回収作業はアンケート調査のクライマックスと私はかねがね思っているのだが、自治体行政が実施する住民意識調査などでは、意外と重要視されていない。質問紙を作成したのちは配付してゴール、と考えているふしがあり、これには、配付までは実施者側の仕事だがそこから先は回答者側の意思次第だから、という考えが背景にある。調査の趣旨や方法によっても異なるが、自治体が行うこの手の調査では回収率五十パーセントを下回るものも少なくなく、それもやむなしと考えられてきた。

回答者側の自由意思にゆだねる、もちろんこの点は絶対に守られなければならない。その一方で、ひとりでも多くの人に参加してもらうことが調査の質を高めるという点も忘れてはならない。調査内容や対象によっても事情は異なるが、分析の結果たとえ大発見があったとしても、回収率が五十パーセントを切っていれば、その調査結果は信頼性が低いとみなされてしまうことがある。

海部町やその他地域では、自治体が委嘱する調査員（婦人会メンバーや民生委員、保健師など）が各戸を回って質問紙を直接配付し、二週間留め置いたのちに再度訪問して回収する計画となっていた。これだけの手間をかければ、郵送方式よりも回収率が上がると期待できる。

私が事あるごとに回収率の重要性を力説していたところ、耳にたこができたらしい役場の担当者がひとつの提案をしてくれた。調査員を集めて、調査の趣旨や回収の重要性などを私から直接説明する場を設ける、というのである。

この提案はとても有難かった。じかに対象者に接触する調査員の理解と熱意は、調査対象者の態度に変化をもたらす鍵となる。私は説明会に集まった調査員に対し、調査の意義、回収率の重要性を説明する一方で、対象者がアンケートへの回答を拒んでもなんら不利益をこうむらないこと、同封の粗品（第一回は筆記用具、第二回は地域指定のごみ袋）は調査へ参加するしないにかかわらず差し上げるものであることを相手によく伝えてほしいと話した。

また、氏名や住所など個人を特定する記載は一切ないこと、密封した封筒で回収されるためプライバシーが保護されることも、すでに用紙に書かれていることではあるが、再度強調してほしいと頼んだ。最後に、「せっかく、これだけ皆さんに手間ひまかけていただく調査なのだから、回収率が低いともったいないと思うのです」と付け加えたところ、誰かが「確かになあ」と声をあげ、これをきっかけに周囲の人々も同調し始めて、会場内の温度が上昇してきた。

こうした経緯があって、集計の結果、第一回アンケート調査の回収率は八十九・八パーセント、第二回は九十六・一パーセントと、この種の調査としては極めて高い回収率を得ることができた。この集計データを用いて分析を行うのだから、どのような結果が出ても一定の信頼を置くことができる。そのように思いながら分析に取り組めるのは、調査にかかわった者として実に幸いなことだった。

主体的に社会にかかわる

さて、「自分のような者に政府を動かす力はない、と思いますか」という質問に対する、海部町と自殺多発地域A町の回答である。

「そんな力は、ない」と考える人の比率は、海部町のほうが低くA町に高いのではないかと、アンケート調査を行う前から思っていた。集計結果はその予想を裏付けるものであったものの、海部町とA町との格差は私の予想をはるかに超えていた。

確かに海部町では、主体的に政治に参画する人が多いという印象がある。自分たちが暮らす世界を自分たちの手によって良くしようという、基本姿勢があるように感じられる。その分、行政に対する注文も多く、ただしいわゆる「お上《かみ》頼み」とは一線を画している。もっといえば、この町の人たちはお上を畏《おそ》れの対象として見たことがないのではないか、という気さえする。こうした住民気質を反映してか、首長選挙が盛んであり、地方の小規模な町村には珍しく、海部町には長期政権の歴史がない。健全な民主主義が根づいているといえる。

「選ばれて議員になったからには、古参も新人も同等や。どんどん意見を言わんといけん」。海部町のある若手議員は、初当選後に先輩からそのように諭されたという。この諭《さと》しは、海部町議員代々の申し送り事項である。ぺーぺーだからといって遠慮したり控えたりしていると、むしろ注意を受けるという。

では、住民の半数以上が政府に対し無力感を抱えているというA町ではどうか。

住民や行政担当者に聞いて回ると、A町では「お上頼み」の傾向が非常に強いという。お上に頼る気持ちが強いほど政府に対する無力感が増すという、言われてみれば納得の相関関係であるが、二町の違いがこのように表れてみると、海部町の特性がさらに明瞭になってくるような気がする。

なお、このアンケート調査では対象を〝政府〟と限定しているが、実はこの質問では、世の中で起きるさまざまな出来事に対し回答者がどれだけの影響力や行動力を持っていると感じているか、その度合いを測ることをねらいとしている。こうした感覚を、心理学の分野では「自己効力感」と呼ぶ。この概念の提唱者である心理学者A・バンデューラは、人間が行動する際の意欲や動機づけに大きく作用する感覚と説明しており、ストレス対処能力にも関連があるとして、心理学のみならず教育学や健康行動科学の分野においても注目されている概念である。

「自己効力感」は、一般の人にとっては「自己信頼感」や「有能感」という言葉に置き換えたほうが理解しやすいかもしれない。このアンケート結果から、海部町では、「有能感」をもつ人がより多いと解釈できる。

どうせ自分なんて、と考える人が少ないのである。

ある日のこと、自殺多発地域であるA町で、デイケアサービスを受けに集まってきた高齢の女性たちと話をしていた。お年寄りにインタビューをするときにはたいてい、「子ども時代にどんな遊びをしたか」という話題から入ることにしている。なによりも、聞き手の私自身が大好きな話題だ。

こないなことした、あないなこともしたな、と、まるで芋づるがたぐり寄せられるように、次から次へと楽しい思い出が話題に上る。話が進むにつれ、お年寄りたちの表情はいきいきとして目が輝いてくるのがわかる。そしてインタビューが終わると、私が礼を言うのにかぶせるように、お年寄りたちのほうから「ああ楽しかった、ありがとう」と言われることが多い。子ども時代の話をしたり思い出の品に触れたりすることが、高齢者の脳の働きを活性化するのに有効であるとの研究を知ったのは、のちのことである。

彼女たちの子ども時代は、幼い弟妹の子守、焚き付けの柴集め、水汲みなど、「家のてったい（手伝い）」に明け暮れる毎日ではあったけれど、それでも遊ぶ時間を見つけ出すことは忘れなかった。

中でも食料採集は、採集者である子どもたちのおなかを満たすという特典付き、最高の遊びである。春は下校途中に寄り道をしては土筆《つくし》やイタドリ、蕗《ふき》などを摘み、夏は毎日暗くなるまで清流で魚を捕る。

「一度、誤って足に銛《もり》を突き立てた子がいたんが、うちの兄《にい》やんがまあ、見事に抜きよってな」「おおほうや、ほないなことあったな」。兄やんは、わんわん泣いている子どものところへやって来ていきなり横面《よこつら》をはり、子どもが虚を突かれた瞬間に素早く銛を抜き取ったのだという。そのときの兄やんのカッコ良さは、数十年を経たいまも鮮明な映像として彼女たちの網膜に焼きついているらしい。

秋は山ぶどう、柿、あけび、ぎんなん、きのこなど、一年でもっとも豊かな収穫が得られる。味噌を塗ったじゃがいもを串に刺して炙《あぶ》り、料理番である子どもたちは、いろりばたで時々じゃがいもの向きを変えながら、おじゃみ（お手玉）をしたりあやとりをしたりして、おやつができあがるのを待つ。

冬にはまた特別の楽しみがある。A町は深く険しい山間にあり、小学校の登下校に使うのは、切り立った山の斜面に拓《ひら》かれた細く曲がりくねった道だった。その山肌の斜面に柔らかな新雪が積もると、子どもたちは大の字になって倒れ掛かり、純白の壁に自分自身を「刻印」したという。それもひとつではなく、学校から帰る道すがら、いくつもいくつも刻印しながら家まで歩く。友達とふたりで手をつないだまま刻印したりしてバリエーションをつけ、さまざまな人型押しアートを制作しては観賞する。なんと、聞いているだけでもわくわくする遊びではないか。

「だけど、体が冷えきってしまいませんかね」私は心配したが、彼女たちは思いもよらなかったようで、「綿入れ、着とるし」と、つまらぬ質問をされたというような顔をしていた。「ねえちゃんも（私のこと）、やりとうなったな」と、からかわれる。はい、そうなんです。本当にやってみたい。

〝極道もん〟になったもんじゃ

大はしゃぎの「子ども時代」話に一区切りつくと、徐々に大人時代へと話題が移行する。大人になってからの彼女たちの生活は、ひたすら労働である。朝は日の出とともに畑に出て、日の入りまで働く。出産後も赤ん坊をふご（わらで編んだかご）に入れて畔《あぜ》に置き、時々お乳をあげながら農作業を続けるのである。夜は粉ひきや農具の手入れをしたり、わらじを編んだりする。

ある女性は、嫁ぎ先の農作業に慣れず畑に出ると涙がこぼれたが、お姑さんがやさしい人で、彼女がなるべく家内の仕事ができるよう心配りしてくれたという。すると隣に座っていた女性が「ええなあ」と嘆声を上げ、「うちのお義母さん、えらいきつい人やったから、難儀《なんぎ》した」とこぼす。しかし、どんな苦労話もいまは遠い彼方の出来事で、すべて笑顔の内で語られる。

現在の生活はいかがですか――私が話を向けると、その場の温度がすっと一度ほど下がったように感じられたのは不思議だった。いまはなぁ、もう、楽させてもろうとる。仕事もせんと、一日中ぬくい（温かい）部屋にいて、テレビ見てなあ。彼女たちは口々に語った。そして、こう言った。

「うちら、〝極道もん〟になったもんじゃなぁ」

これを聞いた私がよほどびっくりした表情をしたらしく、女性たちは笑い出し、「極道もん」という言葉の解説をしてくれた。この地域では、働きもせずぶらぶらしている人、遊び人、怠け者などのことを「極道者《ごくどうもの》」と呼ぶのだという。私が知っている〝極道〟のニュアンスとはやや異なっていたが、その言葉の持つ辛辣《しんらつ》な響きに、強い印象をいだいた。

そうこうするうち、入浴の順番がきたり、迎えの車がきたりして女性たちが減り、デイケアセンターの談話室のテーブルに私とひとりの女性が残った。

その老女は独居である。息子は他県で所帯をかまえていて、一緒に住もうと何度も言ってくれるのだが、彼女は住み慣れたA町を離れがたい。ひとり住まいは心細いとは思うものの、見知らぬ土地で肩身狭く暮らすことを思えば、いまの気楽さは手放せないという。

彼女は、初老に達した息子に、いまでも好物の料理などを箱に詰めて送る。「甘いタレつけて焼く鶏のもも、な。あないなもん、どこででも買えるやろうけど、箱開けたときに息子が喜ぶと思うてな」。どこかで聞いたことのある言葉。私の母と一緒だ。離れて暮らしていた一時期、私にしょっちゅう宅配便を送ってきては、この女性とまったく同じことを言っていた。

そんなことを思い返しつつ頰をゆるめて話を聞いていたとき、その女性は、「あぁ、極道もんになった」と、先ほどの言葉をもう一度もち出した。またしても、その場の温度が下がったように感じた瞬間だった。

しんみりとした口調で、彼女は言った。現在の自分の状態に——働けなくなり、介助を受け、バスで送迎してもらって入浴したりしている、その状態に強い罪悪感を持っているのだと。

「やっぱりなぁ、遠慮で。人から〝極道もん〟と言われる。デイにもほんまは週に二回来たいけど、一回にしとるんじぇ。息子にも申し訳ないし」

これを聞いて、私の鼻の奥がつんとなった。

目の前の大きな椅子にちょこんと腰掛けているこの老女は、若いときから毎日畑に出て日の出から日の入りまで働き、家庭を支え子どもを育てて、きちんと税金を納めてきた人である。

おばあさん、いまは誰はばかることなく、大威張りで休んでおられたらよいのに──と、心の中で言っただけで声に出しては伝えられなかった。そのかわり、こんなことを話した。私がおばあさんの息子だとしたら、デイケアに週に一回でなく二回行ってほしいと思うなぁ。お金が余計にかかっても、おかあさんが楽しく過ごしていると思うと、遠くにいても安心できるし。

その女性は、私の顔を見てにっこりし、「ほないに言うてくれて、嬉しいなぁ」と言った。ただ、あなたがそう言ってくれるのは嬉しいけど、なかなかそうもいかなくてね。そう言われているような気もして、やるせなかった。

海部町に戻り、「極道もんになったもんじゃ」というA町の老女たちの話を、地域の精神科病院の医師に伝えた。いつも柔らかな笑みを浮かべて私の話を聞いてくれる医師は、その日も静かにうなずきながら「ほうですか、〝極道もん〟ですか。ほうですか」と繰り返しつぶやいていた。

また、自分は長年この界隈で医師を生業《なりわい》としてきたが、海部町の老人たちからはそのようなニュアンスの言葉を聞いたことがない、とも言った。「デイケア行くのだって、大威張りですよね」。私が言うと、医師はくっくっと笑い、「ああもう、大威張りですよ」と同意した。

精神科医であるこの医師は、以前から、海部町から来る患者は診察室へと向かってくる足音でわかると言っていた。元気な足音なのだという。よく眠れない、食欲が落ちた、やる気が出ないといって受診する人たちの足音が「元気」とは、いかにも矛盾しているように聞こえるが、海部町のことを知るにつれ、医師の言わんとすることが理解できるようになってきた。

自殺予防因子－その四
「病」は市に出せ

〈病《やまい》、市《いち》に出せ〉

海部町での定宿である旅館のご主人から初めてこの言葉を聞いたとき、私のアンテナがふるふると揺れた。この町がこの町たる所以《ゆえん》を理解するための、パズルの一片を見つけたような気がした瞬間だった。

この旅館では、たんに宿泊場所を提供してもらうだけには終わらない。駅やインタビュー会場まで車で送ってもらったり、自転車や空気入れを貸してもらったり、作りたてのお寿司を道中のお弁当に持たせてもらったりと、さんざんお世話になった。私の父が一度泊まらせてもらったことがあるが、ご主人と同世代だったことで大いに話がはずみ、父はとても楽しい思いをしたようだった。

なによりもここのご主人は、私のインタビュー調査の最多出場者である。泊まり客を送り出して彼が一息つける時間帯、私は帳場に上がっては、繰り返し話を聞いた。いわゆる「町の生き字引き」的存在、身振り大きく話術も巧みで、私はこの人からどれだけ話を聞いても飽きるということがなかった。奥さんは必ずお菓子や果物をすすめてくれ、途中から話に加わってくれたものだ。

調査結果をまとめた論文が仕上がったときには、真っ先に郵便で送り届けたものの、彼がどう評価するかが気がかりだった。あれだけ長い時間インタビューにつきあってもらいながら、もしも的外れなことを書いていたらさぞ彼を落胆させるだろうと思い、心配していたのだ。

次に旅館を訪れたとき、彼は私を見るなり破顔して、「よう書きはりましたな」と大きな声で言った。「町について長い間なんとなく感じておったところを、しかし誰も言葉にしてはよう言いあらわせんかったことを、見事に取り出して、書いとる。褒めてあげます」。そう言ってくれたので、ほっとすると同時に嬉しさがこみ上げてきた。他ならぬこの人に言ってもらえたのだから、間違いないという気がした。

そのようなわけで、冒頭の「病、市に出せ」という言葉を聞いた場所も、やはり宿の帳場だった。これは、町の先達《せんだち》が言い習わしていたという格言である。

彼の説明によれば、「病」とは、たんなる病気のみならず、家庭内のトラブルや事業の不振、生きていく上でのあらゆる問題を意味している。そして「市」というのはマーケット、公開の場を指す。体調がおかしいと思ったらとにかく早目に開示せよ、そうすれば、この薬が効くだの、あの医者が良いだのと、周囲がなにかしら対処法を教えてくれる。まずはそのような意味合いだという。

同時にこの言葉には、やせ我慢すること、虚勢を張ることへの戒《いまし》めがこめられている。悩みやトラブルを隠して耐えるよりも、思いきってさらけ出せば、妙案を授けてくれる者がいるかもしれないし、援助の手が差し伸べられるかもしれない。だから、取り返しのつかない事態にいたる前に周囲に相談せよ、という教えなのである。

「病、市に出せと、昔から言うてな。やせ我慢はええことがひとつもない」。彼の母親の口癖であったという。「たとえば借財したかて、最初のうちはなんとかなるやろと思て、黙っとりますわな。しかし、どんどん膨れ上がってくる。誰かが気づいたときには法外なことになっていて、助けてやりとうてもどないもできん、ということになりかねん。本人もつらいし、周囲も迷惑する」。

「じゃあこの格言は、リスクマネジメントの発想なんですね」私が言うと、「ほのとおり」。彼は力強く同意した。

またひとつ、パズルの一片を手に入れた気がした。

それからというもの、私は海部町民に会うたびに、この格言を知っているかと尋ねて回った。知っている、あるいは聞いたことがあるという海部町民はせいぜい昭和一桁生まれの世代までで、それ以上若くなると知らないという。しかし世代の異なる町民であっても、その言葉のもつニュアンス自体はよく理解できるということだった。

似たような言葉を聞いたことがありますかという私の質問に対し、ある四十代の女性が、「でけんことはでけんと、早う言いなさい。はたに迷惑かかるから」と、子どものころから親や教師によく言われたと教えてくれた。先の古い格言と、彼女が引用したこの諭《さと》しは、確かに同じコンセプトを持っている。彼女が即座にこの言葉を選び出したことに、私は感心した。長きにわたり、これらの教えが地域住民に正しく継承され、共有されているあらわれだろうと解釈した。

どの町にも助け合いはある

「助け合い」を少し堅苦しく言うと「相互扶助」、社会学では「社会的支援」「ソーシャル・サポート」などの用語を用いることもある。先行研究によれば、これらは自殺の危険を緩和する要素として挙げられることが多い。そして、自殺希少地域である海部町も自殺多発地域であるA町も、フィールドにおいて観察する限り、どちらにも助け合いの精神は深く根付いており、日常生活によく組みこまれている。両地域ともに、関係者や住民たち自身もその点を強調する。

しかし私は、ちょっと待てよ、という気持ちになる。

海部町にもA町にも等しく助け合いの精神があるとすれば、先行研究が指摘する、「人々の助け合いが根づく環境が自殺の危険を緩和する」という主張は矛盾する。自殺多発地域A町においては、助け合い――相互扶助が自殺を抑止しえていないということになる。本当にそうなのだろうか。

そこで次に考えたのが、一般に人々が「助け合い」と言い習わしている言葉にも、その本質や住民意識に、地域によって差異があるのではないかということだった。

まず海部町とA町に共通する「助け合い」は、ある種のシステム（機構、社会体制）を成している。農業や漁業など生業に関する連携、地域の保安、家の修繕や冠婚葬祭などに関する支援についてそれぞれに決まりごとがあり、長年にわたり継承されてきた。そのシステムに構成員として所属している限り、住民は安心して暮らしていくことができる。ただし、通常これら助け合いシステムの対象となるのは、あくまでコミュニティ全体の利害にかかわる事柄であって、純粋に私的な問題となると援助の手引きが定められているわけではない。

助け合いに関する二町間の相違点は、この個別私的な問題に関する援助である。海部町の「病、市に出せ」という格言に象徴されるように、この町では個々人が私的な悩みを開示しやすい環境づくりを心がけてきた痕跡が見られる。他方、A町では助け合いという行為自体を尊ぶ気持ちが強く、いざとなればコミュニティからの支援があることに安心を覚えつつも、自分の個人的な悩みを誰かに相談することについてはより強い抵抗を感じている様子が窺える。

A町の高齢者が「迷惑」という言葉をよく口にすることについては、町に入った当初から気づいていた。保健師に同行して、ある独居の高齢女性を訪ねたときのこと、女性は風邪をひいて寝込んでから三日目だった。快方に向かってはいたもののまだ微熱があり、ほの暗い部屋に置かれたこたつに足を入れ、うしろの壁にもたれかかって座っていた。入ってきたのが親しい保健師とわかると顔をほころばせ、私たちにみかんとバナナをすすめてくれた。

その老女は、三分の一ほど残したままの畑の草取りのことが頭から離れない。「体がせこうて、え取りきらん（体がだるくて、草を取ってしまうことができない）」と言いつつ、「近所にえらい迷惑かける」と気にかけている。保健師が「ほないなこと気にせんで、いまは早う治さんと」とやさしく声をかけている間も、女性はしきりに畑の方角に目をやっては「迷惑かけとる」と繰り返していた。

保健師は、彼女に処方された薬を点検してから「ぬくうにして、たくさん水分とるの忘れんでな」などと言い置きし、また、他町に住む彼女の娘に電話をかけておくと約束した。こたつから這《は》い出て来た老女がどうしてもと持たせたみかんとバナナを手にして、私たちは家を後にした。

帰り道、保健師が「このあたりのお年寄りは」と話し始めた。

このあたりのお年寄りたちは、昔から強い絆《きずな》で結ばれ、助け合って生きてきた。彼らが生きてきた時代には、隣人たちがつねに支え合わなければ一日たりとも生活が成り立たなかったのだと。

聞きながら、私は思った。ひとりひとりが生きていくのに精一杯だった時代、それでもひとたび援助を求めれば、相手はどんな無理をしてでも応えてくれることがわかっていたからこそ、かえって「助けてくれ」と軽々しくは言えなくなってしまったのではないか。

こうした二つの町の住民気質の差異を確かめたいと思い、アンケート調査に加えたのが以下の質問項目である。

「あなたは悩みやストレスを抱えたときに、誰かに相談したり助けを求めたりすることを恥ずかしいと思いますか?」

これに対し否定の回答、つまり「助けを求めることを恥ずかしいと思わない」と回答した人の比率は、海部町で六十二・八パーセント、自殺多発地域であるA町で四十七・三パーセントであり、海部町では援助を求める行為への心理的抵抗がより小さいことが示されている(表5)。

さらにこのアンケート調査では、「どうしようもない困難に遭《あ》った人は自殺をしてもやむをえない」という考えをどれだけ許容するか——いわゆる「自殺許容度」を測るための質問があった。この項目を使って分析した結果、自殺許容度が高い人ほど援助を求めることへの抵抗が強い、つまりなかなか助けてくれと言えないという関係が示されていた。

これは非常に悩ましい事態である。自殺対策にたずさわる側としては、自殺許容度がもともと高い人こそ、悩みや苦しみを抱えたときにはなるべく早く助けを求めてほしいのに、実際はその逆の傾向が示されている。

表5　援助希求への抵抗感

		肯定	⇒	否定
悩みを抱えたとき、誰かに相談したり助けを求めたりすることに抵抗がある	海部町	20.2	17.0	62.8
	A町	27.0	25.7	47.3

値は%　P<0.001

うつ受診率が高まる理由

援助を求めるという行為に関連してもうひとつ紹介したいのが、海部町のうつ受診率である。医療圏内の精神科病院の統計から海部町と近隣町住民のうつによる受診率を比較した結果、海部町住民の受診率がもっとも高いということが確認された。

初めてこの統計を目にしたときには、意外な気がした。うつは自殺の危険を高める原因として世界中で研究が進められており、日本政府もまた、うつ対策と自殺防止を連動させて数多のキャンペーンを展開している。となれば、自殺発生が極めて少ない海部町では、うつに罹《かか》る人も極めて少ないのだろうと、単純に思っていたのである。

医療機関への距離が住民の受療行動パターンに関係することは以前から指摘されており、一般に、近隣に病院がある地域では住民の受診率が高まると言われている。しかし海部町は、この医療圏の精神科病院にもっとも近いというわけではない。距離の問題だけでいえば、他町の住民のほうがより容易に到達できるのである。

精神科病院への心理的抵抗が強い人であれば、近場でなくあえて遠方の病院を選択している可能性も否定できないが、そうした点を差し引いてみたとしても、海部町の受診率の高さは意外な気がした。

しかしここで少し注意して、もう一度この海部町のうつ受診統計を眺めてみる。この場で留意すべきは、統計に表れている値はうつに罹っている人の比率ではなく、うつに罹っていることで病院を受診している人の比率という点だ。

精神科病院の医師は、海部町から来院する患者の特徴として、軽症の段階で受診する場合が多いことを指摘した。実はこの「軽症」というキーワードが、海部町の特性を端的に表している。

海部町では、「あんた、うつになっとんのと違うん。早よ病院へ行て、薬もらい」というような会話が隣人間で交わされているのを耳にすることがあるという。医師は、海部町ではうつの早期発見と早期対応というメカニズムが機能しているため、より軽症の段階での受診が多いのだろうと考えている。軽症の段階で治療が始まるとその効果もより高く、重症化の抑止に一役買っているというわけである。

海部町住民のうつに関する意識を垣間《かいま》見るのに、このようなことがあった。私は、六十歳～八十歳代の女性たち七、八名からなるグループへのインタビューを行っていた。この日もまた話は本題から徐々にそれて、にぎやかな井戸端会議状態となりつつあった。そのとき、ひとりの女性が「そういや、よ」と周りを見回し、「知っとる？　○○さんな、うつになっとんじぇ」と切り出した。

これを聞いた途端、残りの女性たちは一斉に、「ほな、見にいてやらないかん！」「行てやらないかんな！」と異口同音に言った。うつになったその隣人を、見舞いに行ってやらねば、と言っているのである。

傍で聞いていた私は、彼女たちの反応が非常に面白かった。

まず感じたのは、この人たちは、うつになったという隣人に対しそんなふうに接するのかという、ちょっと新鮮な驚き。どうやら、当事者を遠巻きにしたりそっとしておいてあげようという発想はあまりないらしい。さっさと押しかけていくのだ。

もうひとつ興味深かったのは、彼女たちの「行てやらないかん！」という意思表明が、打てば響くようにほぼ同時に発せられたということだった。あなたはどうするの、お見舞いに行く？　あなたが行くならわたしも一緒に行こうかな。私の周囲でよく見られるこうしたやり取りが、ここでは一切省略されていたのである。

「あんた、うつになっとんと違うん」と、隣人に対し面と向かって指摘する海部町の話を他の地域で紹介すると、いつも小さなどよめきが起こる。特に自殺多発地域であるA町での反応は大きかった。うつに対し偏見の強いこの地域では、うつについてオープンに話し合うような状況はほとんどなく、まして本人に直接指摘することなどありえないという。

「ほないなこと、言うてもええんじゃねえ」。A町在住のあるお年寄りは目を丸くしていた。その言葉は明らかにひとりごとだったので、私もあえて取り上げないでいた。少し眺めていると、彼女はもう一度、まったく同じことをつぶやいた。

ほないなこと、言うてもええんじゃねえ。

自殺予防因子－その五
ゆるやかにつながる

海部町コミュニティに独特な要素を、これまでに四つ挙げた。このあと示す五つ目は、他の四つの要素の根源であると同時に帰結であるとも言える。

海部町では、「ゆるやかな絆《きずな》」が維持されている。

先に述べたとおり、海部町は物理的密集度が極めて高いコミュニティであり、好むと好まざるとにかかわらず住民同士の接触頻度は高い。特に密集した居住区では、隣家の電話での会話まで聞こえてくるというような生活を送っている人たちもいて、彼らにとってはプライバシーの保護などまるで現実味がない。

その一方で、隣人間のつきあいに粘質な印象はない。基本は放任主義であり、必要があれば過不足なく援助するというような、どちらかといえば淡泊なコミュニケーションの様子が窺えるのである。

表6　隣人とのつきあい方

	日常的に生活面で協力	立ち話程度のつきあい	あいさつ程度の最小限のつきあい	つきあいはまったくしていない
海部町	16.5	49.9	31.3	2.4
A町	44.0	37.4	15.9	2.6

値は%　P<0.001

アンケート調査の結果もまた、この観察を裏付けるものであった。

近所づきあいについて尋ねた質問に対し、「日常的に生活面で協力しあっている」と答えた人の比率は、海部町が十六・五パーセントであったのに対し、自殺多発地域であるA町では四十四・〇パーセントと、海部町が大きく下回っている（表6）。

では海部町ではどのようなつきあいをしているのかと他の回答を見ると、「立ち話程度」と「あいさつ程度」のつきあいに集中している。つまり、隣人間でのコミュニケーションが切れているわけではないのだが、かなりあっさりとしたつきあいを行っている様子が見えてくる。

人間関係が固定していない

海部町の近所づきあいへの理解が進むにつれ、この町では人間関係が固定されていないという側面が目につくようになる。

人間関係が固定されていない、ひと通りに限られていないとはどういうことか、当たり前ではないかと思う人もいるかもしれないが、長い歴史を持つ地方の町村では、膠着《こうちゃく》した人間関係によって支えられたコミュニティが形成されていることが少なくない。しかしこの点において、海部町は例外に分類されると言ってよい。

たとえば、先に触れた海部町の相互扶助組織「朋輩組」がその良い例である。他の地域の類似組織が事実上の強制加入制であるのに対し、「朋輩組」では入退会に際し個人の自由が尊重されている。また、自分ひとりが入会しないからといって、そのことを理由にコミュニティ内で排除されたり、不利益を被《こうむ》ったりすることがない。

その理由のひとつに、「当屋《とうや》」という町内会によく似た組織の存在がある。「当屋」は地域内をさらに小さな枠で複数に区切った形で組織され、輪番制により当番にあたった年には、その地区の「当屋」が地域全体の世話をやく。「朋輩組」ではメンバーの婚礼や葬儀、家屋の修繕などに際し手助けをするのが慣わしだが（現在では業者に外注することが多くなったが）、住民は「朋輩組」に加入していなくとも「当屋」によりサポートしてもらうことができるため、生活上の不便はない。

子どもの遊び仲間を例に挙げる人もいた。学校のクラス内には特に仲のよい子がいなくても、家に帰れば近所の年長年少の子どもたちと野球チームを組み、その練習が楽しいので孤独感はない。このように、ちょっとした逃げ道や風通しをよくする仕掛けがあること、複数のネットワークに属していることが、コミュニティにおける人間関係の硬直化を防いでいると考えられる。

人の出入りが容易な環境であればさほど深刻に考えることもないかもしれないが、交通や通信の手段が現在のように整備されるようになったのは、たかだか四、五十年前のことである。それまでの長い歴史の中、閉じたコミュニティに暮らす住民たちが、この人間関係を損なうわけにはいかないという不安を潜在させていたとしても当然のことと思える。

そうした不安を抱える人々に、何が起こるか。コミュニティの規範や共通の価値観からはずれるような行為は極力抑制されたであろうし、コミュニティは均質化への一途《いっと》をたどったと想像されるのである。

歴史を知らないと何も始まらない

ではここで、これまで述べた海部町コミュニティの特性について理解を深めるために、町の成り立ちと歴史について触れたいと思う。

江戸時代の初期、海部町は材木の集積地として飛躍的に隆盛した。一説によれば、豊臣家が滅ぼされた大坂夏の陣のあと、焼き払われた城や家々の復興に充てる大量の材木の需要があり、近畿からの買い付けが阿波《あわ》の海部町にまで及んだという。

近隣町村はいずれも豊かな山林を有しているのだが、海部町には山林という資源に加えて、山上からふもとまで丸太を運搬するための大きな河川があり、さらには大型の船が着岸できるだけの築港が整備されているという、理想的な地の利があった。短期間に大勢の働き手が必要となった海部町には、一攫千金《いっかくせんきん》を狙っての労働者や職人、商人などが流れこみ、やがて居を定めていく。この町の成り立ちが、周辺の農村型コミュニティと大きく異なる様相を作り上げていったことに関係している。海部町は多くの移住者によって発展してきた、いわば地縁血縁の薄いコミュニティだったのである。

移民によって発展したというと、アメリカ合衆国建国の歴史を思い浮かべる人が多いのであるが、私はそれとも少し違うと考えている。アメリカではイギリスやオランダからの移住に始まり、フランスやイタリア、さらには南米やアジアからの移住者が次々と入植していったが、出身国の文化や習慣をそのまま持ちこんだコミュニティを再び形成していることが多い。建国二百三十年余になろうという現在でも、それら特性は混じり合うことなくモザイク状に結合している状態がよく見られる。

日本国内の移住の歴史もまた、しかりである。たとえば、新天地といわれた開拓の地――北海道には、近くは東北、遠くは近畿や四国からの入植者が居を定めていったが、これら入植者たちのほとんどは出身地域において同一コミュニティに属していた集団であり、元のコミュニティを移設し再形成する形で新しい暮らしを始めている場合が多い。

その点において、海部町は事情がやや異なっている。多くの移住者は裸一貫で、単独あるいは家族だけを伴って入ってきたと考えられている。江戸時代のこととて移動の距離には限界があったろうし、その多くは近隣地域からやってきたと想像されるが、いずれにせよ、短期間にてんでに集まってきた多士済々《たしせいせい》な人々が共存共栄への道を拓く作業に一斉に着手し、現在の海部町につながるコミュニティが生まれたと考えられる。

江戸時代から始まった海部町のこの繁栄は、日本社会が昭和の高度成長期に入り、国産の材木がアジア諸国の外材に駆逐《くちく》されるまで続いたが、その後は急速に衰退していく。かつては休日ごとに、目抜き通りに華やかに立ち並ぶ店を目当てに人々が繰り出し、行き交う通行人の肩が触れ合うほどのにぎわいだったというが、その面影を探すこともいまはむずかしい。「あの通りに映画館が二つあったて、じいやんが言いよる。信じられん」と、町の子どもたちが疑うほどである。

話の軸がややずれてきたが、私がここで強調したいのは海部町商店街の変貌についてではない。地縁血縁の薄い人々によって作られたという海部町の歴史が、これまで述べてきた独特のコミュニティ特性の背景にあると言いたいのである。

町の黎明期《れいめいき》には身内もよそ者もない。異質なものをそのつど排除していたのではコミュニティは成立しなかったわけだし、移住者たちは皆一斉にゼロからのスタートを切るわけであるから、出自《しゅつじ》や家柄がどうのと言ってみたところで取り合ってもらえなかっただろう。その人の問題解決能力や人柄など、本質を見極め評価してつきあうという態度を身につけたのも、この町の成り立ちが大いに関係していると思われる。そして、人の出入りの多い土地柄であったことから、人間関係が膠着することなくゆるやかな絆が常態化したと想像できるのである。

長い歴史をもつ地方の町村では、隣人とのつながりが強く相互扶助の精神が深く根づいているとする一面的な見方が多い。しかし、自殺希少地域である海部町のコミュニティでは、自殺多発地域に比べはるかにゆるい絆を有しているという新たな知見が、自殺予防を考えていく上での重要なヒントになると考えている。

それにしても、である。

それにしても、海部町には独特の歴史的背景があったとはいえ、こうした住民気質がよくここまで何百年も維持されてきたものだと、多くの人から言われる。このような感想を抱く気持ちはよくわかる。私自身も初めの頃はそう思っていた。

この点については、むしろ地元の人たちのほうが、特段不思議なことではないと考えている。いまに生きる私たちは、江戸時代といえばはるか昔の出来事、現代の生活とはまるで別次元であるかのように思いがちであるが、町の古老は、江戸時代なんて〝ほんのひとまたぎ〟で到達できると言ってのける。確かに、幕末に生きた人に実際に接した人が、現代の日本にまだ生存している事実を考えれば、江戸時代はぐんと身近に思えてくる。

さらに言えば、交通や通信が現在のように整備され始めたのはたかだか五十年くらい前のことであって、人、物、そして情報は、山ひとつ川一本でも横たわっていればたちまち往来が阻《はば》まれる時代が長かった。つまり、歴史の古い地方の町村の多くが、「平成の大合併」を迎えるまでは、一度も寸断されない連続性の上に成り立っていたのである。

このように考えていくと、江戸時代に培《つちか》われたと推測される住民気質が現在にまで継承されているからといって、さほど驚く話ではないということになる。数百年前のコミュニティ特性が脈々と息づいているのは、なにも海部町に限ったことではないのである。

歴史を知らないことには、何も始まらない。

そのことに気づいて、私は慌てた。中学卒業以来、いわゆる日本史とはほぼ無縁、大河ドラマも見ない「非・歴女」なので、歴史に関してはごく一般的な知識さえ欠落している。

町の古老たちの助けを借りながら、地域の歴史をにわか勉強した。図書館では郷土史や民俗学の文献ばかり取り寄せて、読みあさっていた時期があった。

私たち学生は、複数あるキャンパスいずれの図書館を利用しても構わないことになっていたが、私は自宅からもっとも近かったことと、医療や健康に関する文献が豊富にそろっていることから、医学部の図書館をよく利用していた。大学附属病院と隣接しているため、利用者の多くは白衣姿の医師である。そのような中で、医療や健康とはなんの関係もなさそうな「日本むかしばなし」的な図書ばかり借りる私は、いまふり返ってみれば相当異色な存在だったと思う。

図書館の所蔵資料検索の中で、調査対象地域に伝わる「妖怪伝説」を見つけたときは嬉しかった。こういう昔話の中に、地域住民の生活スタイルや思考傾向などのルーツを見出す可能性があるからである。後日取り寄せてもらった「妖怪伝説」と一緒に、「入門　医療統計学」という分厚い参考書の貸出手続きをとっていたとき、好奇心を抑えられなくなったらしい司書の女性から、「岡さんは、何の研究をされているのですか」と尋ねられたのが可笑《おか》しかった。

第三章

生き心地良さを求めたらこんな町になった

——無理なく長続きさせる秘訣とは

自殺希少地域である海部町のコミュニティにあって自殺多発地域にはない要素、もしくは海部町には強くあらわれているが自殺多発地域では微弱な要素、それらがすなわち、「自殺予防因子」である――。

この仮説を基に、自殺希少地域である海部町に入って観察やインタビューを行い、隣接する町村との比較を行った。さらに自殺多発地域である、徳島県内のＡ町にも対象を広げ、両地域を含む九町村、約三千三百名の住民を対象にアンケート調査を行って、自殺希少地域と多発地域のコミュニティ特性を比較してみた。

これらの調査結果のデータを数量的分析を行って検討したところ、第二章で挙げた以下の五つが、海部町に特に強くあらわれ、自殺多発地域においては微弱だったり少なかったりする要素であることが明らかとなった。

いろんな人がいてもよい、いろんな人がいたほうがよい
人物本位主義をつらぬく
どうせ自分なんて、と考えない
「病」は市に出せ
ゆるやかにつながる

抽出されたこれら五つの要素が、コミュニティにおいて自殺の危険を緩和する要素、すなわち、「自殺予防因子」である。

第三章では、これら以外にも存在する、海部町コミュニティの特性に話を広げつつ、「自殺予防因子」と考えられる要素がなぜ、どのようにして自殺の危険を緩和するのか、その作用について考えをめぐらせたいと思う。

多様性重視がもたらすもの

海部町の人々は、異質なものに対し寛容である。コミュニティに「いろんな人がいてもよい」と考えている様子がうかがえるし、それればかりか、むしろ「いろんな人がい、た、ほ、う、が、よ、い、」という思考回路が透けて見えることはすでに述べた。不思議である。なぜ、そのほうがよいのか。そのほうが互いに居心地《いごこち》がよいからなのか。しかし人間というのは本来、似たもの同士で寄り集まっているほうが安心を感じる社会的動物ではなかったか。

海部町が、「いろんな人がいたほうがよい」という態度をあえて選び、長年にわたり維持し続けてきたのだとしたら、そこには何かしらの成功体験、〝報酬《ほうしゅう》〟があってのことではないかと私は思い、長い間考え続けていた。

カルチャーショックを感じたとき

この問いに対する答えを見つけたと感じたのは、県外に住む海部町出身者のインタビューにおいてである。

私は調査を開始した当初から、海部町内に住む人々やその関係者から話を聞く以外に、同町の出身だが町を離れて長い年月を経ている人、中でも海部町とは対極に位置するような都会に住む人など、違った角度からの話を聞くべきと考えていた。

海部町で知り合った人たちに頼んで、県外在住の海部町出身者を何人か紹介してもらった。その人たちにインタビューを行い、さらにまた同じ境遇の知人友人を挙げてもらい、取り次いでもらった。このように人を介してインタビュー対象者を探していく方法を、フィールド調査の用語で「機縁法《きえん》」という。

私は、海部町の外から海部町を眺めたときの彼らの心境に関心があった。特に、東京のような国際的大都市に住み始めた当初はどうだったろう。さだめし戸惑い、衝撃を受けたであろうことは想像に難《かた》くない。そう思って、私は必ずこの質問をするようにしていた。上京してきたとき、カルチャーショックを感じましたか？

「そりゃあ、感じましたよ」

どの人も、当然ではないかとばかりに即答した。まず、故郷の人々とは共有できていた常識や価値観が通用しない。たとえば自分が生まれ育った町では、たとえ他人の物であろうと、外に干した洗濯物がにわか雨に濡れるのをただ眺めている者などいなかったが、東京では、近所の留守宅の洗濯物を取りこんだ結果、二度とこのようなことをするなと怒鳴られた。呆然《ぼうぜん》とし、人格を否定されたような気分になった。

相手によって態度や意見を変えるという方便《ほうべん》も、海部町出身の人々にとっては難題だったらしい。上司から「いい大人が、それくらいのことわからないかな」と苦々しげに言われ、深く傷ついた。程度の差こそあれ、誰しもがそうした感覚を体験していた。

「ただ……」と、そのあとに言葉を継《つ》ぐ、彼らの述懐《じゅっかい》が興味深かった。

私がインタビューした、海部町を離れて長い年月を経た東京在住の人々は、年齢は二十歳代から六十歳代、男性と女性、サラリーマン、教員、主婦など、さまざまだった。インタビューの日時も場所も違った。にもかかわらず、彼らはそれぞれの表現で、しかしほぼ同じ意味のことを語った。

「ああ、こういう考え方、ものの見方があったのか。世の中は自分と同じ考えの人ばかりではない。いろいろな人がいるものだ」。そう思って納得がいき、徐々に気にならなくなったと言うのである。

このとき、私の頭の中で漂《ただよ》っていたいくつかの言葉が、次々と連なり始めた。

赤い羽根募金を拒み、役場の担当者を困らせた海部町の男性、彼はなんと言ったか。「あん人らはあん人。いくらでも好きに募金すりゃええが。わしは嫌や」。

はたまた、特別支援学級の設置に反対する海部町出身の議員がきっぱりと言いきったこと。「世の中は多様な個性をもつ人たちでできている。ひとつのクラスの中に、いろんな個性があったほうがよいではないか」

これらの言葉にある核と同じ核が、東京在住の海部町出身者らが語った言葉の中にもある。そして、彼らは上京当初は少なからぬショックを受けたものの、「世の中にはいろんな人がいるものだ」と達観できたことによって、そのショックに押し潰されるまでにはいたらなかったと言っている。

彼らのこの弾力性こそが、海部町が多様性を重視したコミュニティづくりを推進してきた根拠となっているのではないか。もちろん、海部町の先達《せんだち》がこうした因果関係を意識していたとは考えにくく、多様性を認めざるをえなかったという町の成り立ちから、知らず知らずのうちに身につけた処世術であった可能性は高いのであるが。

海部町では、周囲の人と違った行動をとったからといって、犯罪行為でもない限り排除されることはないのだから、多種多様な価値観が混在している。赤い羽根募金や老人クラブ入会を拒む住民のエピソードが、その一例である。同じものを見ても黒だと言う人と白だと言う人がいて、いやいや赤だと言う人が出てきても封じられることはない。したがって、変人もオタクも共存している。

そうした社会に生きる人々は、社会＝多様性という図式を刷りこまれ、そのことがデフォルト（標準仕様）であると思って育つ。結果として、異質な環境に放りこまれたときにも使える、弾力性と順応性が備わっていくのではないだろうか。

昔も今も、いわゆる「五月病」に悩まされる人は多い。

就学や就職などを機にそれまでの世界観が一変し、自信を喪失する。しかも、慣れ親しんだ故郷や親の庇護《ひご》を離れるという体験がそこに加われば、心もとなさは倍加するだろう。程度の差こそあれ、これは多くの人が味わう感覚であって、そのこと自体は不可避といえる。問題は、その地点からの回復である。

不登校や出社拒否が始まり、その鬱屈《うっくつ》から回復できないままに休学や休職、退職にいたる原因のひとつに、異なる価値観を受け入れられない苦悩がある。一昔前に比較すれば、手に入る情報の量とバリエーションは飛躍的に増えているにもかかわらず、いやむしろそれ故にというべきか、個人の嗜好やこだわりの幅は狭まり、弾力性を失っているように見える。

海部町の事例を見聞したあと、私はこの点について深く考えさせられるようになった。

「スイッチャー」という役割

私は、集団における、多対一対応の「いじめ」という行為へ発展していくメカニズムに関心がある。

かつて私の周辺に、よく似た二つの集団があり、ひとつの集団には深刻ではないもののいじめに近い行為があり、もうひとつの集団にはまったくなかった。二つの集団を構成するメンバーの性別、年齢、職業などに大きな違いはないように思えるのに、一方にだけいじめが起きている。集団Aでいじめの対象になっている個人が集団Bには存在しないからという、単純な理由も否定できないが、仮にその個人を移し替えたとしても、集団Bではいじめは起きないような気がするのだった。

なぜ私は、「そんな気がした」のだろう。自分自身が抱いた印象の根拠を突き止めたくて二つの集団を観察し始め、そこで気づいたことがあった。

いじめのあった集団Aでは、ある個人に対する噂《うわさ》や批判が話題になると、その場に居合わせた者たちがこぞって話の輪に加わり一気に盛り上がっていた。言葉が行き来するたびに表現の強さがエスカレートし、おそらく彼ら自身が自覚している以上のどぎつい中傷の言葉を使っている。

いじめのない集団Bでも、他者の噂や批判はたびたび話題になる。そこまでは集団Aとなんら変わりはない。ただし、集団Bではエスカレートの度合いが違う。そこには必ず、話題に対して関心を示さない者や、「自分は違う印象をもった」と異論を唱える者や、はたまた、場の空気を無視して話題をまったく別の方向へ変えてしまう者がいた。

つまり、話題が盛り上がろうとするときに、水を差す、話の腰を折る者が集団Bにはいるのである。考えようによってはかなりKYな――空気を読まない人たちであるが、こうした人々のことを、私はひそかに「スイッチャー（流れを変える人）」と呼んでいる。

集団が同じ方向を向き、一気にその方向へ進む。こうした状態は力を集約し増幅させていくには有効だが、ネガティブな方向にも同様に作用する。インターネット上で、ある対象への誹謗《ひぼう》中傷が殺到する状態――いわゆる「炎上」がその典型といえよう。まさにネット「炎上」は、水を差してクールダウンさせる者が不在であること、群衆が一気に同じ方向へと雪崩《なだれ》を打って進むことによって起こる。その意味において、集団は均質であるより、異分子がある程度混ざっているほうがむしろ健全といえるのかもしれない。


海部町での出来事ではないが、あるとき私は電車の中で、女子高生たちの会話に聞き耳を立てていた。私が移動交通手段として電車を好むのは、車の運転が得意ではないこともあるのだが、乗客たちの無防備な会話を盗み聞きする楽しみがあるから、という理由が大きい。

四人の少女たちは、そこにはいないクラスメートの女子のことを噂していた。噂の女子は、カレシができたばかりで有頂天になっているらしく、カレシとの一部始終を絵文字満載の甘ったるい文章で毎日ブログに書き綴《つづ》っているという。電車の少女たちはその女子の「馬鹿丸出し」のブログが気に障《さわ》ってしかたがない。誰もあいつの恋バナなんて知りたかねえんだよ、ばーか。うざい。いらつく。吐きそう。教室で会っても絶対シカトしようぜ。

電車の少女たちの、クラスメート女子をなぶる言葉はどんどんエスカレートし、不穏な空気が漂い始めた。そのとき、四人のうちのひとりがのんびりとした口調で「ある意味、うらやましいなぁ」と言ったため、残り三人がきょとんとした。

「だってぇ、あたし、こんないろいろ絵文字つくる技《わざ》ないしぃ。技あったとしても、カレシいないしぃ」

これを聞いた少女たちは「えっ、そこ?」と叫んで笑い転げ、私も吹き出しそうになるのをかろうじて堪《こら》えた。少女たちの笑い声がおさまったあと、話題は他へと移っていった。

この雰囲気である。四人の少女が均質ではなかったことで、ひとりのスイッチャーが混ざっていたことで、噂のクラスメート女子はさらに鋭くなっていたかもしれない言葉の刃から逃れることができたのだ。

集団は多様な因子で構成されていたほうがよい、「いろんな人がいたほうがよい」という海部町コミュニティの処世観は、こうした集団力学をふまえてのことであったのかもしれない。

関心と監視の違い

——人に関心がある——。

海部町の調査を進める過程でこの言葉にまつわる話を最初に聞いたのは、海部町を離れて東京で就職した二十歳代の男性からだった。他県に住んでいる海部町出身者から話を聞きたいという私の希望に対し、これまで知り合った海部町民が幾人かに連絡をとってくれた、そのうちのひとりである。あらかじめメールで互いの人相や服装などを大まかに知らせた上で、彼の職場に近いコーヒーショップで待ち合わせをした。彼は故郷の知人からすでに調査の内容を詳しく聞いており、くつろいだ様子で、私の問いにひとつひとつ丁寧に答えてくれた。

上京後に、どのような点がもっとも海部町と違っていると感じましたか、という私の質問に対し、彼は少し考えたあと、「東京の人はあんまり他人に関心がないんやな、と思いました」と答えた。

そりゃあそうだろう。都会では隣家に住む人の顔さえも知らないことが多く、それでいてなんら生活に支障をきたさない。徳島の小さな海辺の町から上京した青年が違和感をもったのも当然のことと思い、このときにはあまり気にも留めなかった。

次に同じ言葉を聞いたのは、海部町在住の高校二年生の少女からだった。

海部町の中学生、高校生とのグループインタビューは何度か行ったが、いずれも暑い夏の盛りのことだったので、せめてものねぎらいにアイスキャンディを何種類か用意することにしていた。会場は役場の会議室をお借りし、近所のスーパーでアイスキャンディの徳用パックを数箱買い込んで、これまた役場の冷蔵庫に入れさせてもらっておく。保健師の女性が、冷蔵庫に近づく他の職員たちに「これ、岡さんのやから（食べたらぃかんよ）」と注意してくれるのだが、そのたびに私はあわてて、「私ひとりのじゃないですよ、子どもたちがいまから来るから」と補足説明したものだ。

学校帰りに自転車をこいで役場に集まってくれた彼らは、そろって額《ひたい》に玉の汗をのせ、まるで湯上りの幼児のように頬を上気させていた。冷房のきいた会議室に入るなり「ああ、涼し」と言いながら、私のすすめるアイスを嬉しそうに物色する。男子は三本、あっという間にたいらげる。

ウォーミングアップに選ぶ話題は、部活、好きな芸能人、カレシ・カノジョ、片思い、将来の進路のことなど。神戸の大学に進学しておしゃれな都会生活を体験したいという子もいれば、一生この町から出たくないという子もいた。

大人を対象にインタビューしているときもそうだが、自殺問題に直接結びつく質問はしない。ここでインタビューを行う意図は、海部町コミュニティの特性を抽出することであって、自殺に関する個々人の考えを聞きたいわけではないからだ。それに、自殺問題というテーマに引っ張られて、彼らの答えになんらかの偏《かたよ》りが生じるのを避けたい、という気持ちがあった。

町内の幼稚園から始まり中学卒業まで、ほとんど変わることなく同じ顔ぶれの友達と過ごしてきた彼らにとって、他町の出身者が交じり合う高校生活は初めての異文化体験である。その日、会議室にいた高校生は三人だった。ひとりの少女がこう言ったのである。

「高校へ入って、ほかの町の子ぉらって、あんまり人に関心ないんやなと思った」

ここへきて私は、おや、と思った。

東京在住の海部町出身の青年が、以前に同じことを言っていたのを思い出した。都会に出たばかりの青年なら当然感じた違和感であろうと、そのときには気にも留めなかったが、海部町から未だ出たことのないこの少女が同じ印象をもっているというのである。隣り合った小さな町々の間で、他者への関心の度合いに明らかな差があるとは驚きだった。

海部町の人たちって、特別に他人に興味をもっていると思う？　私がそう問いかけると、少女は「めっちゃ、興味津々《しんしん》やんなぁ」と隣に座っていた友達に同意を求め、その友達も、二本目のアイスを口にくわえたまま大きくうなずいたのだった。

私はさらに聞いてみた。そういうのって、ウザイなんて思うことはないのかな。

すると少女たちは、「たまにあるけど」「生まれたときからずっとほないな環境やから」「慣れたな」「な」とうなずき合い、こともなげな様子だった。

他人に興味津々という海部町民の特徴は、隣町在住の女性から聞いた話とも符合している。かつて中学時代にバレーボール部に所属していた彼女は、郡の大会に出場したときに周辺中学校の生徒らと初めて交流した。その中で、海部町の中学生たちが「どこから来たん。何年生？」と他校の生徒たちに次々と話しかけており、隣町の彼女は少々戸惑ったものの、悪い気はしなかったとも言う。「海部町の子ぉらは、えろう人なつっこいな」と、強い印象とともに記憶に残ったとのことだった。

似たような点を指摘した人は、他にも何人かいた。ある男性の妻は他県出身の女性で、結婚を機に海部町に移り住んだ。妻は引っ越してきた当初、どこへ行くのも何をするのも、町中の人に見張られているようだと嘆いた。

男性は妻に、「町のもんはあんたに〝関心〟があるだけなんや。あんたを〝監視〟しとるんやないんや」と説明したが、当時の妻はあまり納得していなかったようだと、苦笑しながら述懐していた。

海部町と自殺多発地域のA町を対象に行ったアンケート調査の分析結果では、隣人とのつきあい方に大きな差があった。自殺多発地域の住民たちに比べ、海部町の住民たちははるかにあっさりとした、ゆるい結びつきを維持している様子がうかがえた。「人に関心がある」のが海部町の特徴であるとすれば、このアンケート調査結果とは矛盾しているようにも思える。

しかし、「人に関心をもつのと、監視しているのとは違う」という海部町住民の言葉が、コミュニティに漂う雰囲気を端的に説明していると思い納得がいった。このニュアンスの違いが区別できている人々であれば、興味津々の隣人に囲まれたときにはわずらわしい気分にはなっても、閉塞感に苛まれるまでにはいたらないのではないかと思われる。

状況可変、だからこその観察

町の特性を何もかも歴史的背景に結びつけるのもどうかと思うが、この点もやはり、移住者によって発展してきた海部町ならではと思えてくる。先にこの地に入った者たちは、次々と続く新参者がどのような気質や能力を持っている人間であるか興味津々で観察したであろうと想像される。彼らがコミュニティに対しどのような貢献をもたらす可能性があるか、できる限り早く把握する必要に迫られていたからである。

逆にこれが、地縁血縁の強い、人間関係の固定したコミュニティであればどうだったろう。かつて日本社会の大部分を占めていたコミュニティでは、住民ひとりひとりに与えられる身分や役割はその人の資質とはかかわりなく、生まれ落ちたときからほぼ決められていた。地主か小作か、本家か分家か、長男か次男か、その出自によって、残りの人生すべての見通しがついてしまうという時代があったのである。社会人類学者である蒲生《がもう》正男は、こうしたコミュニティを、「状況不変のイデオロギー」に支配された社会であると指摘している。

状況不変のイデオロギーに支配されたコミュニティにおいても、人間観察は当然行われていたであろう。しかし少なくともその観察は、地域のリーダーを選ぶために用いられる観察とは違う。ここでは、リーダーを決める条件は本人の資質よりもまず出自だからである。

ところが、状況可変のコミュニティである海部町——誰をリーダーとして担ぐかを自分たち自身で決めなければいけなかった海部町では、真剣さの度合いが違う。そうこうするうちに、他者を観察し評価する感性や眼力が研《と》ぎ澄まされていったのではないか、と思えてくるのである。

住民を対象としたアンケート結果を見ても、海部町は他の地域に比べ、リーダーを選ぶ際の条件として、年齢や職業上の地位よりも問題解決能力を重視する者が多かった。

前述の海部町民がいみじくも指摘したとおり、この町の人々は他者への〝関心〟が強く、ただしそれは〝監視〟とは異なるものである。一方、状況不変のイデオロギーに支配されたコミュニティでは、固定した階層や役割分担、人間関係を維持し統制する必要から、これを乱す因子を早期に発見するための〝監視〟が不可欠ではなかったか。

表出された行動だけを見ていても区別しづらい〝関心〟と〝監視〟。しかし根本的に異質であるこの要素が、海部町コミュニティを独特ならしめている。

やり直しのきく生き方

あるとき、海部町にひとりの女性（独身）が越してきた。

華やかな美人で開放的な性格、男性と連れ立って歩く様子がたびたび目撃され、たちまち時の人となった。近隣のおしゃべり雀《すずめ》たちは、「あの人な、昨日は誰それと歩いとった」「今日は誰それと腕組んどった」と、寄ると触ると彼女の動向を報告し合う日々が続いた。

ところが、である。いっとき話題にして盛り上がったあとは、急速に冷める。「ええことか悪いことか、わからんけど」と、町の人たちは笑いながら言うが、冷めやすい、飽きっぽいというのは彼らの特徴のひとつである。

そして、「（噂の女性と）話してみたら、別嬪《べっぴん》さんの上に気さくなええ人や」などと言いながら、その女性をコミュニティの中にすんなりと溶けこませ、直前までかしましく噂したことなど忘れたかのように普通につきあっている。

こうしたことは、実は私自身も経験済みである。調査開始当初、町の人々は私の行動に関心を寄せてくれていたが、やがて「飽《あ》き」て、特別扱いしなくなった。その後も親切だし必要十分に助けてくれたが、淡々とした態度であり、私はやや拍子抜けすると同時に、特別扱いされなくなったことで気持ちが楽にもなった。

通常、冷めやすい、飽きっぽいというのはネガティブな意味で用いられることが多いが、視点を変えてみれば案外重宝な気質ではなかろうか。町に越してきたこの別嬪さんにしても、鵜《う》の目鷹《たか》の目の隣人たちから遠巻きにされたままでは、いつまでたっても住民のひとりとして受け入れてもらえないことになる。隣人たちが噂話に飽きた時点で、その女性は安堵《あんど》したかもしれない。少なくとも私自身は、「飽き」られたことで気持ちが軽くなるという感覚を体験した。

人の噂も七十五日。海部町コミュニティにしっくりと馴染《なじ》む格言である。この町では、良いことであっても悪いことであっても、その評価が長続きしないのである。人への評価が固定しないし、もっと言えば、固定しないように気をつけているようにも見える。

噂の別嬪さんに対しても然《しか》りである。町の人々は彼女のことをただ「美人で」「浮気性な」女性と決めつけるにとどまらず、「気さくな」「ええ人」という面をも見いだし、その得点も加えて総合評価とした。相手の人柄を一面的にとらえない、そして評価を固定させないという住民気質が、よくあらわれていると思う。

一度目はこらえたれ

評価を固定させないというこの傾向は、海部町コミュニティにおけるトラブル処理の方針にも見受けられる。先に述べた、この町に江戸時代から続く相互扶助組織「朋輩組」では、「一度目はこらえたれ（許してやれ）」という言葉がよく聞かれたという。

十五歳になるやならずで入会するメンバーたちは、社会人として成長途上の者ばかりである。当然、仲間や先輩に迷惑をかけてしまうこともあった。酒に酔ったあげく醜態《しゅうたい》をさらした、協力して行うべき作業をサボった、組の大事な道具を失くしたなど、そのようなとき、メンバーたちはよく「一度目はこらえたる」と言って沙汰《さた》としたものだという。

この「朋輩組」の対応は、私が比較調査を行った類似の組織、同じ四国にある「若者組」のそれと、大きく異なっている。この「若者組」は「朋輩組」と同様に江戸時代かそれ以前に発祥したと考えられているが、現在では開店休業状態にある。かつての最盛期、昭和の高度成長期以前に加入していた元メンバーたちは、組織の「気が遠くなるほどに細かい」規律のことを口々に語った。

この「若者組」では規律に背《そむ》くことは即処罰を意味した。殴る蹴るなどの暴力こそないものの、割り木を組んだ上に長時間正座をさせられたり、水で満たしたバケツを両腕それぞれにひとつずつ提《さ》げ、水平に保ったままで立っているよう命じられたりする。しかも、これらの言いつけを為しおおせなかった場合には、さらに時間を倍増されたり、周囲の仲間が連帯責任として処罰の対象に加えられたりしたという。

当時の年少メンバーたちはこうした処罰の対象となることを恐れて、失態のないようつねに細心の注意をはらい、先輩の前では糸が張りつめたような緊張状態にあった。「若者組」元メンバーのひとりは、のちに徴兵されて入隊したとき、同期の新兵たちが音《ね》を上げた上官のしごきに自分が耐えることができたのも、この「若者組」での経験があったからだろうと述懐していた。

これに対し海部町の「朋輩組」は、そもそも会則や規律がなきに等しいミニマムルールの組織である。会則や規律がないのだからそれを破ったときの制裁も想定されてはいない。処罰によって組織を統制しようとする発想が――少なくとも第一選択としては――なかったと考えられる。

そして、「一度目は許す」というこの理念は、海部町コミュニティ全体で共有されたものであって、「朋輩組」の外においてもたびたび聞かれた言葉であるとのことだった。

この話を聞いて、一度目は見逃すが二度目は許さないという警告か、と問うてくる人がいるのだが、これまで海部町コミュニティの特性をさまざまな角度から眺めてきた私には、それは少し的外れな解釈のように聞こえる。周囲に迷惑をかけた当人に対し、「一度目は許す」ことによって汚名返上の余地を残し、やり直しのチャンスを与えた点にこそ着目すべきではないだろうか。ひとりの人間の長い人生において、一時の行為だけで判断を下し、評価を固めてしまうことを避けようとする意識のあらわれと、私は見ている。

「一度目は許す」という理念を共有するコミュニティの対極にあると思われるのが、ひとたび好ましからぬ評価を受けたが最後、「孫子《まごこ》の代まで」ついて回るという恐怖心を潜在させているコミュニティである。社会学の世界では、集団が個人にネガティブな評価を与え、それを固着させる状態を「スティグマ（烙印《らくいん》）」と呼ぶ。スティグマに関する研究には国の内外に厚い蓄積があるが、ほぼ確立した結論として、スティグマが人間心理にあたえる悪影響を指摘している。

いわれなき不本意な評価であったとしても、ひとたび押し付けられたスティグマが深刻な内容であった場合、特にその個人の属するコミュニティが緊密で固定した人間関係を有している場合に、自分に貼られたレッテルを取り外すことができないという無力感をいだくことが多い。やり直しがきかない、もはや挽回《ばんかい》は不可能であるという絶望感に押しひしがれることにつながっていく。

私は想像してみた。今回はうまくいかなかったが、次がある。立ち直ろうとする気持ちがあると伝われば、周囲は気長に待っている。一度つまずいたからといって、即座にスティグマを抱える羽目にはならない。そういう社会とそうでない社会に、それぞれ自分が身を置いているところを。

なんといったらよいのだろう。スティグマを恐れずに生きることができる社会では、〝精神的肺活量〟がぐっと増えるとでもいうか、深くゆっくりと呼吸ができるような気がする。深呼吸をすると胸がひらき、背筋が伸びるとともに、目線が上がって視界が広がってくる。

「一度目はこらえたる」と声をかけられた若者の、そのときの心情を疑似体験した気分になった。

弱音を吐かせるリスク管理術

二〇〇六年に自殺対策基本法が制定されて以来、国は自殺対策のために多くの施策をとってきた。国や自治体が推進するそれら施策の基軸のひとつに、「援助希《えんじょき》求《きゅう》」がある。

援助希求とは、人が悩みや問題を抱えたときに、周囲に対し助けを求めようとする意思、またその行動を指している。心配事や苦しみを打ち明けて相談する、抑うつ症状に悩まされたときに医療機関を受診するなど、こうした援助希求行動は、うつの重症化や自殺へと傾く人々にとって最強の予防策となるはずである。

これ以上に重要な予防策はないといえると同時に、これほど難しい予防策もない。すべての人が適切な援助希求行動をとれるようになれば、自殺対策の大半が不要となるくらいであるが、現実にはそうはいかない。たとえば自殺の動機に多い多重債務《さいむ》の問題では、取り返しのつかない状況になって初めて相談機関を訪れる人が多く、さらには、誰にも言えず問題を抱えこんだまま自殺にいたるというケースが後を絶たない。

そもそも、悩みがあったら早めに相談しましょうという呼びかけが、どこまで当人の心に届いているのか、よしんば届いているとしても、それを行動に移せる人がどれだけいるのかは大いに疑問である。

私たちは、別の角度から検討すべきであろう。悩みがあったら早めに相談しようという「標語」を何百回唱えたところで奏功《そうこう》しない、その先を阻《はば》んでいるのは何なのかという点を。

まず、助けを求めよと呼びかけるからには、当然受け皿が用意されていなくてはいけない。次に重要となるのはその受け皿の質である。問題を抱える者がどうにか相談するところまでこぎつけたとして、そこで受けた対応が彼らを落胆させるものであった場合、二度と相談しようとは思わないだろう。つまり、「助けを求めたところ、良い結果が得られた」という体験があって、さらには、地域社会がその成功体験の蓄積を共有し、継承されて初めて、援助希求行動が促されることとなる。

それにも増して、重要なことがある。

援助希求という行為自体を、肯定的にとらえる。そのメッセージを、地域社会が発信し続けていることである。

そもそも、助けを求めるという行為は自分の弱みをさらけ出すことにもつながるのであるから、そこに心理的抵抗が生じても不思議はない。安易に弱音を吐いては自身の評価が下がるという危惧《きぐ》もあるだろう。それが、人の普遍《ふへん》的な思考パターンであると思ったほうがよい。

他方、コミュニティにとっては、問題の早期発見と早期対応が最強の危機管理となるわけであるから、その者が悩みを抱えこまないよう、取り返しがつかない事態になる前に開示させるよう、腐心しなくてはいけない立場にある。しかし先に述べたとおり、当人にとってはこのハードルを越えることが容易ではないのだから、これを越えさせるための目に見えない「後押し」が必要となる。そこで、援助希求という行為を肯定的にとらえるメッセージの発信が、重要となってくるのである。

講演会などでこのように話を進めてくると、聴衆の何人かは我が意を得たりとばかり笑顔になって、「ああ、そこで海部町の〝病、市に出せ〟というメッセージなのですね」と言ってくる。

そのとおり。そのとおりなんですが、言葉だけでは十分ではないんです。「病、市に出せ」は誠に結構な格言だけれど、これを何百回唱《とな》えても、たとえ渋谷スクランブル交差点の巨大電子掲示板で流し続けても、その言葉だけじゃ足りないんです。

私は次のことを強調する。

態度で示さないと、駄目なんです。

言葉でなく態度で示す

一例として、うつに関する援助希求を挙げよう。

国は、うつ罹患者《りかんしゃ》が早期に治療を受けることを目的にさまざまな施策を打ち出しており、各自治体においても、ハイリスク群（特に危険度が高いと思われる人々）――不眠や食欲不振など抑うつ症状を訴える人々を対象に、保健師や民生委員から受診をうながすよう指導している。しかし自殺多発地域であるA町では、保健師がそうした症状を示す住民に受診をほのめかしても、はねつけられることが多く、特に高齢者にその傾向が強い。

「ほないなとこ（精神科医療の専門機関）へ行たら、周りがどない言うやら。頭がおかしいやて噂になったら、子どもや孫にまで迷惑かかる」

大変な剣幕で言いたてるお年寄りを前に、保健師は取りつく島がない。そこに国の施策の入りこむ余地はない。

つまり、その人が暮らすコミュニティのうつに対する偏見が取り除かれ、仮にうつと診断されても自分や家族がスティグマ（烙印）に苦しめられることがなく、うつを治療したのちにはまた快適な生活を立て直すという希望をもてる、それらが担《たん》保《ぽ》されて初めて受診するのであって、自治体が施策を打つとすればまずそこから着手しないことには、何も変わらないままとなってしまう。

先に述べた海部町のうつ受診率の高さは、完全とはいえないまでもこれらの条件を満たす環境整備ができているからこそ、と考えることができよう。

態度とは、非言語メッセージである。海部町コミュニティでは「態度」によって、弱音を吐いても大丈夫だよ、というメッセージを発信し続けてきた。それらメッセージは、第二章で述べた五つの自殺予防因子とも置き換えることができる。

たとえば、住民の排他的傾向が希薄であることがそのひとつである。いろんな人がいてもよい、いろんな人がいたほうがよい、という考えが態度で示されることにより、その者は周囲からありのままの自分が受容されているという感覚をもつことができる。

海部町民が他の地域より強い「自己効力感（有能感）」を持ち、世の中で起きている事柄に対しなんらかの影響を与えられると信じる人々であることは、他者への評価が人物本位主義であるこの町の特性とも深く関係しているだろう。自身では如何《いかん》ともしがたい出自や財力で一生が定まっていくのではなく、人それぞれに異なる能力や心根によって評価されていると実感できる社会では、そうでない社会に比べて、自らの人生に取り組む姿勢に違いが生じるのは自然の流れといえる。

また、海部町では、人と人とのつながりがゆるやかである。人への評価は良くも悪くも固定しないし、ひとたび評判を落とせば二度と浮上できないというスティグマを、恐れることなく生きていくことができる。人間関係が膠着していないという環境も、人々の気持ちを楽にする。自分の暮らすコミュニティ内でもしもひとつの人間関係がこわれたとしても、別の関係が変わらず生きているという確信があれば、その者の気持ちはどれだけ軽くなることか。

そして何よりも、「一度目はこらえたる（許してやる）」という態度である。挽回のチャンスがあると思えること、やり直しができると信じられることが、その者の援助希求を強く後押ししている。

かくして問題は地下に潜《もぐ》らず、開示へと向かう。

ここに並べ挙げた海部町コミュニティに独特の要素は、どれひとつが欠けたとしてもその他が機能しないと思われるものばかりであり、有機的に結合し作用し合っていることがわかる。「病、市に出せ」と言うからにはその言葉だけでなく、コミュニティが示す〝態度〟が、つまりコミュニティにおいて有機的に結合していることれら要素がともなわなければならないと、私は主張したい。

かつては地縁血縁の薄い共同体であった海部町が、自分たちの生活を脅《おびや》かす危険をいかに回避するか、被害をいかに最小限にとどめるか、住民らが知恵を出し合い試行錯誤し、行き着いた方策が、この「弱音を吐かせる」というリスク管理術だったのだろうと考えている。

人間の性《さが》と業《ごう》を知る

海部町の人々は、人間の「性《さが》」や「業《ごう》」をよく知る人々である。これは、調査を開始した早い段階から、私が持ち続けてきた印象である。このことについて、少し自説を述べてみたい。

私は、自殺対策と関連づけて海部町コミュニティの話をしてほしいと頼まれる機会が多いのだが、聴衆の中には感嘆しきりの人がいて、「一体どうすれば、海部町の人たちのような〝立派な〟人間を育てることができるのでしょう」と大真面目な顔で尋ねてくる。相手の真剣さとは裏腹に、私はいつもおかしみを感じてしまう。

海部町には甚《はなは》だ失礼な話ではあるが、海部町民を「立派な」人々と形容しようと思ったことはない。誤解なきよう断っておくが、決して立派でないわけではない、十分に立派な人たちである。ただ、それよりも際立ったパーソナリティが、他にあると言いたいのである。

私が出会った海部町の人たち。彼らは概して人なつこい。おしゃべり好きである。周囲の人や世の中の出来事に対して興味津々であり、噂話で盛り上がったかと思うと、同じ速度で冷めて、そして飽きる。

統制されるのが嫌いである。祭りの山車《だんじり》の修繕には大枚をはたいても、赤い羽根募金のような〝わけのわからないもの〟には百円たりとも投じたくないと言い張って役場の担当者を困らせる。年長者を敬うという一般的な習慣はあるものの、年齢が上だからといって自動的に偉くなるとは思っていない心の内が、ばれている。お上を畏《おそ》れていないことも、ばればれである。おそらく、隠す気もあまりないのだろうと思う。

また、これを書きながら思い返していたのだが、いわゆる卑屈さというものが見当たらない。そのような人も中にはいたのかもしれないが、記憶に残っていない。そして彼らは、弱音を吐くという行為について、それが必ずしも恥であるとは思っていない。

この町に、聖人君子が大勢いると思って訪ねてくる人がいるとしたら、やや拍子抜けするだろう。私が考える海部町民気質と、「立派」という形容詞から連想される人物像――〝気高く〟〝理性的で〟〝高潔な〟というイメージとはあまり重ならない。それよりも、合理的で現実主義、酸《す》いも甘いも嚙み分けていて、人間臭さが前面に押し出された人たちというイメージが強い。

〝賢い〟人の多い町

インタビューの中で、他町から嫁いで来た人や仕事上でかかわりのある他地域の人たちに海部町の第一印象を尋ねた際、数人がまったく同じ言葉を用いたことに驚いた。

「海部町って、賢《かしこ》い人が多いと思いました」

賢いって、具体的にはどのようなことですか。私が知りたがると、彼らは一様に、うーんと唸《うな》って言葉を探している。勉強がよくできるという意味でしょうか？試しに私が投げかけてみると、彼らは即座に「ほうではのうて（そうではなくて）」と否定し、そのあとに「ほうではのうて、やて。失礼な話やな」と言って笑い出す。私もそのインタビュー相手も、人の〝賢さ〟が学業の成績のみで評価されるものではないことを、よく承知した上で話をしている。

適切な表現を苦労して探したあげくの彼らの言葉は、「人として、賢い」「生活していく上で賢い」などと、依然として漠然《ばくぜん》としたものばかりだった。だが、私には、彼らのもどかしさが理解できるような気がする。早い段階から同じような印象を海部町に対し持ち続け、しかし、ズバリ表現する言葉が見つからずにいた。彼らが「賢い人」を説明するのに用いた話を総合すると、次のようなことになる。

海部町の人は、他地域の人に比べ、世事に通じている。機《き》を見るに敏《びん》である。合理的に判断する。損得勘定が早い。頃合いを知っていて、深入りしない。このほかに、愛嬌がある、という表現を用いた人がいたが、これは言い得て妙であって、私も同感だった。

こうして並べてみると、確かに「生活していく上で賢い」と評される海部町民の気質がよく表現されている。他町の人々が感じた海部町気質、そしてこれまで私自身が見聞した海部町民に独特の行動パターンなどを合わせ、すべての根っこにあるものは何かと考えたときに、冒頭のこの言葉に思いいたったのだった。

海部町の人々は、人間の「性《さが》」や「業《ごう》」をよく知る人々である。

とかく人間というものはこちらの思惑《おもわく》どおりに動いてくれない生きものであり、どれだけ正しく有難い教えであっても、人々が取り入れるとは限らないのがこの世の常である。

誰だって、他人より自分と自分の身内が可愛い。イメージしにくい遠い未来の成果よりも、目の前の報酬を手に入れたくなる。弱みは知られたくない、できれば自分をより大きく見せたい。弱音を吐いてしまえば楽になると頭では理解しながら、自尊心やら沽券《こけん》やらが妨げとなっている。あとで厄介な目に遭うとわかっていながら、つい誘惑に負けてしまう。表の顔と裏の顔がある、当人さえ自覚のない多面体構造である。聖人と崇《あが》められるような人であっても、心の奥底には必ず大小の煩悩《ぼんのう》を潜ませている……。

思いつくままに並べたこれらはすべて、誰しもが思い当たる人間の姿であって、これを指して人間の「性」「業」と呼ぶ。これらを無視して金科玉条《きんかぎょくじょう》を掲げても人々は容易には従わないし、それどころか強い反発をまねきかねない。しかしその逆をいけば、つまりこうした人間の性や業をふまえた上で事を進めた場合には、ソフトランディングに成功する確率が高まるということにもなる。

ここに、他者に対し興味津々で人間観察に長《た》けているという海部町民の特徴が、活《い》かされていると思う。前項で述べた、弱音を吐かせるというリスク管理術にしても、しかりである。その管理術に、説教くさいところや教条的なところは見当たらなかった。

海部町は、「助けを求めよ」と言葉によって人をさとすよりも、人が「助けを求めやすい」環境を作ることに腐心してきた。面と向かって言われては意固地になるような輩《やから》も、気づけば弱音を吐かされているという、実に巧妙で高度な策を施している。

飄々《ひょうひょう》としているようで抜け目のない、思わず「やるな、おぬし」と声をかけたくなるような、海部町とはそういうコミュニティである。他地域の住民たちをして、「海部町には〝賢い〟人が多い」と言わしめるゆえんであろう。

第四章

虫の眼から鳥の眼へ

——全国を俯瞰《ふかん》し、海部町に戻る

自殺希少地域である海部町と自殺多発地域A町の両方に通ううち、この二つの町の地理的な違いが気にかかるようになってきた。

海部町は海沿いの平坦な土地で、コミュニティの物理的密集度が高い。診療所や商店、学校、役場など、日常生活に必要な社会資源へのアクセシビリティ（到達可能度）は良好である。対するA町は険しい山間部にあり、民家は小さな集落を成して広域に散らばっている。もともと社会資源へのアクセスが良くなかったところへ急速な少子高齢化と過疎化が相まって、学校や診療所など、閉鎖や統廃合される施設も多い。

自殺率に大きな格差のある二つの地域の地理的特性がこうも違っているのは、偶然ではないのではないか。人の生活基盤であるコミュニティの地理的特性は、その地域の自殺率になんらかの影響を与えているのではないか。そうしたことを考え始め、なんとかして確かめなくてはと思うようになった。

私の仮説を検証していくためには、ここで研究手法を切り替える必要があった。これまでは特定のフィールドを深く掘り下げて詳細に調べてきたが、このあとは全国を俯瞰《ふかん》して、地理的特性と自殺率との関係を解析する必要がある。「虫の眼」から「鳥の眼」へ、転じるときだった。

「旧」市区町村にこだわる理由

ここまで述べてきたとおり、私は、人の生活基盤であるコミュニティの特性と自殺率との関係を明らかにしたいと考えていた。コミュニティの特性を把握し比較するためには、生活圏としての最小行政区分である市区町村別の統計データが不可欠だった。

しかし、日本の地域統計は四十七都道府県別の整理が主流であり、市区町村別となると途端に入手が難しくなる。市区町村別のデータは、項目によっては公開されていなかったり、そもそも調査されていなかったりする（もちろんその背景には、さまざまな事情や配慮があるのだが）。統計資料の窓口担当者は、私が市区町村別データを求めていることがわかると、なぜそんなデータが欲しいのかといぶかしげな表情になり、あからさまに億劫《おっくう》がる。

それでも私は、市区町村のデータにこだわっていた。

人間の生活圏ごとの特徴を知りたいときに、都道府県というのはあまりにも広域すぎる。ひとつの県の中には海岸部と山間部、都市部と農漁村部などいろいろな特徴をもつ生活圏が混在しているにもかかわらず、それらをまとめて平均値のデータを作ってしまうと、各生活圏の特性同士が相殺《そうさい》してしまって結局はなにも表せていないということになりかねない。実際に地域に入って住民と話をしてみると、「県民性」と一くくりにされることに抵抗を感じる人は少なくないのに、研究の世界ではなにかといえば都道府県別の統計を用いて比較されるのである。

この地域統計問題をさらに厄介にしていたのが、「平成の大合併」だ。全国で二〇〇三年から二〇〇五年あたりにかけて市町村合併が盛んに行われ、二〇一〇年までにその数は約半分までに減っている。ただでさえ入手が容易でない市区町村別データであるが、「旧」市区町村となるとますます困難さが増す。

しかし私は、平成の大合併以前の旧市区町村でなくては、研究の対象とする意味がないと考えていた。これもまた先に述べたのと同様の理由なのだが、合併後の新市区町村には旧市区町村の異なる歴史や文化が入り混じり、長い年月の中で培われてきたはずのコミュニティ特性の抽出が、難しくなっているからである。

図2は、全国三千三百十八市区町村の標準化自殺死亡比（年齢分布による影響を

除去した上で自治体間の自殺率を比較するための指標、その値）の、三十年間平均値の分布を視覚的に確認するために作ったグラフである。百（太線）を基準値として、左へ行くほど自殺率の低い自治体が位置し、逆に、右へ行くほど自殺率の高い自治体が位置していると解釈する。つまり、左端が自殺希少地域、右端が自殺多発地域である。

図2　全国市区町村の標準化自殺死亡比の分布

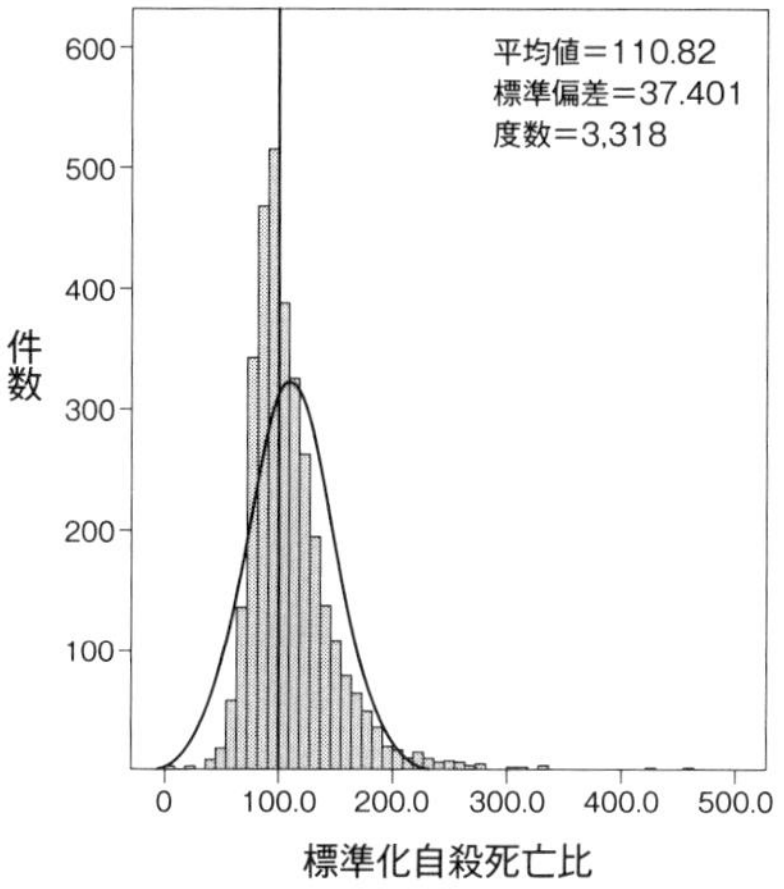

三千三百十八市区町村の多くは、基準値の百周辺に集まっている。海部町の値は三十・四なので、グラフの最左端のあたりに位置している。似たような値の自治体は非常に数少なく、まさにこれらが自殺「最」希少地域グループであることが一目瞭然に見て取れる。その一方で、最右端には値が三百、四百を超える自殺多発地域のグループがある。

　私が比較調査を行ってきた海部町とA町は自殺率に大きな格差があり、このグラフの左右両端にかけ離れて位置している。これら二つの自治体は同じ徳島県に属しているにもかかわらず、県内の市区町村の間で自殺率にこれだけの格差があるという事実が、これまではまったく把握されていなかった。

実は徳島県は、四十七都道府県で比較した場合の自殺率は低い。したがって、県が取り組む保健衛生の課題としては自殺問題は優先順位が低く、長い間、自殺対策に力を入れねばならないという発想が希薄だった。A町の一部の関係者らは地域の自殺発生が極めて多いことを体感的に認識し、早急に対策をとる必要があると考えていたものの、県の行政はさほど重大視していなかったのである。

都道府県別統計だけを参照していたのでは意味がないと私が強く主張するのは、こうした認識のずれが生じた結果として、行われるべき対策の実施が遅れることを懸念《けねん》するからである。

最良のデータを求めて

研究に携《たずさ》わる者は、仮説に基づいて調査や解析をおこない、その結果をふまえて考察し、社会へ向かって発信するという行為をくり返す。日頃は目の前のことに夢中になっているが、ふとした瞬間に我に返り、その行為にともなう責任の重大さにおののくことがある。

私は、コミュニティにおいて自殺の危険を緩和する要素を見つけ出し、その「自殺予防因子」を自殺対策に役立ててほしいと主張しようとしている。生半可《なまはんか》な解析の結果をばらまくことは許されなかった。そのために何より肝心なのが、周到な研究計画、解析のデザインを練ることだった。

解析の要《かなめ》はデータにある。

私は全国三千三百十八市区町村の地理的特性と自殺率の関係を明らかにしたいと考えていたが、そのためにまず必要なのは、長期間にわたり市区町村の自殺率を定点観測したデータセットだった。すでに何度か述べたように、コミュニティ特性が自殺率にあたえる影響を知るためには、市区町村より広域な自治体のデータを使っても意味がないと考えていたし、人口規模の小さな町村の自殺率は、長期間のデータを参照する必要があったからである。

そして私は、考えうる限りで最良のデータがどこにあるかを知っていた。一九七三年から三十年間の全国市区町村の、その年ごとの人口、十歳年齢階級別人口、いずれも男女別の数、またその年ごとの自殺者数、十歳年齢階級別自殺者数、いずれも男女別の数を、厚生労働省の記録から集計し、一切の個人情報を取り除いた上で整理した大規模なデータセットである。国立精神・神経医療研究センター　精神保健研究所からの委託により、「大学共同利用機関法人　情報・システム研究機構　統計数理研究所」の教授が作成したものであり、データセット自体もその研究所内に保管されていた。

当時は一介の学生に過ぎなかった私が、いくら指導教授の監督の下にあるとはいえ、このデータを使って解析を行いたいというのはいかにも不遜《ふそん》であると承知していた。ただ私は、そこに最良のデータがあることを知りつつあきらめるということが残念でならなかった。そこで、まずは誠実にお願いし、使用許可を得られなかった時点で初めて次善《じぜん》の策に移ろうと心に決めた。

研究計画書を添えてデータ使用許可申請をした時点から数ヵ月が過ぎた頃、指導教授や統計数理研究所の他の教授による力添えもあって、データセットを構築した教授本人と直接面談する機会を得た。この面談次第でデータ使用の諾否が決まるのだと思いながら、私は教授の前にかしこまって座っていた。

彼はすでに私の指導教授を介して研究の内容をよく承知しており、「自殺率の低い地域に着眼したところが面白い」と言ってくれた。思わず肩の力を少し緩めたところ、教授が続けて「データ使用の許可を出すにあたり、条件がある」と言い始めたので、私は慌てて居ずまいを正した。

条件とは、(一)データセットのクリーニングを自身の手で一からやり直し、その後改めて自分の欲しい指標を算出すること、(二)データの持ち出しは厳禁、データ・クリーニングやその後の指標作成にかかるすべての作業は研究所内で行うこと、(三)解析の結果をまとめ、論文として公に発表すること、この三点だった。

必ず守りますと約束し、教授の部屋を後にした。許可を得た嬉しさと、さあ大変だという思いが入り混じって、その日はふわふわとした気持ちで帰路についた。

教授から言われたデータ・クリーニングとは、パネルデータ(対象を定点的に観察し、時系列に並べたデータ）解析の実施に先駆けて行う、データセットの点検と整備のことである。すべてのデータ項目にわたり入力の漏《も》れやずれがないか、単位や書式は統一されているか、それ以外にも、自分が行う解析にとって不要なデータ（口の悪い研究者はこれを「ゴミ」と呼ぶ）が混じっていないかなどをつぶさに点検する。

統計解析の専門家たちは、解析にかける全工程のうち大半をこの作業に割《さ》くのだと、よく言っている。私の場合はそれまでパネルデータ解析の経験がまったくなかった上に、精緻《せいち》な作業が不得手《ふえて》という厄介なハンディがあった。一連の作業を終えるまでに周囲も呆れるほどの時間がかかり、その後やっと全国市区町村の人口十万対自殺率や標準化自殺死亡比が算出できる状態になった。

行にして三万三千行余、列にして百列弱の全部で約三百万レコードの数値の羅列。元来数字が大の苦手で、これまでの人生においてもできる限り遠ざけてきた私にとって、生まれて初めて目にする数字の洪水である。統計解析に慣れた人にとっては珍しいことではないのだろうが、私はただもう圧倒された。それまでは自分のちっぽけなノートパソコンですべての作業をまかなってきたのだが、統計数理研究所に置かれたコンピュータの、これほど大きなモニター画面に向かうのもまた初めてで、何もかも勝手が違っていた。

調査や授業の合間を縫って立川市にあるこの研究所に通い、亀の歩みのごとく一進一退しながら作業を進める。一進一退ならまだしも、一歩進んで三歩後退するようなことがたびたび起こり、本当に終わりがくるのだろうかと不安にかられる瞬間もあった。半日もコンピュータに向かっていると目がちかちかしてくるし、作業中は歯を食いしばっているらしく顎《あご》のこわばりがひどい。

ただし、やめたいと思ったことは一度もなかった。こんな貴重な、得難いデータに触らせてもらっているのだからと思うと、くたびれた体に再びバッテリーが充電されてくる。それに、私の窮状《きゅうじょう》を見かねた研究所の職員が驚くべき忍耐心をもって操作方法を繰り返し教えてくれて、精神的にも支えてもらったことが大きかった。ああ今日もまたあの数字と格闘するのかと思うと、研究所に向かう足取りも重くなりがちなのだが、部屋に入って彼女の顔を見つけると途端に気持ちがほぐれるのだった。

こうした日々が続いたあと、私が目指していた新たなデータセットは「ある日突然」完成した。前日まであれだけ悪戦苦闘していたのが嘘のように唐突に終了してしまったので、にわかには実感が湧かない。本当に完成したのだろうかと不安がる私に、こうした作業において百戦錬磨《ひゃくせんれんま》のその職員は、「拍子抜けですよね。だいたいいつもそんなものです」と涼しい笑顔だった。

指標がないなら作るまで

コミュニティの地理的な特徴を表すためには、どのような指標を集めればよいか。代表的なものを挙げれば、人口、面積、人口密度など、気候であれば日照時間、平均気温、降水量などがある。

通常は国土地理院などが公表しているデータを用いるのであるが、その中に私が求める地理的特性の指標——海部町と自殺多発地域A町との大きな差異を表せるような指標——が見当たらないことに最初は落胆した。有りものデータだけで解析をおこなってもある程度の知見を得ることは可能かもしれないが、私がもっとも知りたいことを確かめることはできない。

少しの間、頬杖《ほおづえ》をついてぼんやりデータを眺めていたが、「なんだ、自分で作ればいいんだ」と思いついて元気づいた。基礎的なデータはそろっているのだから、これらを組み合わせて新たな指標を作ることは不可能ではない。

私が把握したいのは、人の生活基盤であるコミュニティの地理的特性である。ゆえに、指標を集めたり作ったりする際の私の最大のこだわりは、「人が住んでいる場所」に関する指標かどうか、という点だった。たとえば、従来よく用いられる「人口密度」ではなく「可住地《かじゅうち》人口密度」が望ましい。可住地とは文字どおり〝人が住める〟土地であり、総面積から森林や湖沼を除いた面積を指す。同様に、土地の高低や傾斜を表す指標についても、「可住地標高」や「可住地傾斜度」を作りたかった。

ここはどうしても、専門家の助言が必要である。私は、とある地図会社に連絡をとった。数日後に会社を訪ね、社員たちの前で自分の構想を説明し、そうしたデータを新たに作れるかどうか検討してみてほしいと頼んだ。

会議室には三人の社員が座っていて、いずれも地理に関するエキスパートばかりだった。その彼らを前に、ひとつの専門用語も知らない私がたどたどしく日常語で語るのである。彼らはさぞまどろっこしく感じたことと思うが、そのような態度はおくびにも出さずに対応してくれた。

社員らがやさしく耳を傾けてくれている様子に気をよくした私は、「たとえば」と切り出し、自分の考えを一気にしゃべった。〝標高〟という指標を作るときに、その町全体の標高平均値を指標とするのでは意味がない。そこに富士山のように高い山があったとして、しかし無人であるのなら生活空間とはいえない。住民が日頃生活している場所の標高を知りたい。たとえばであるが、三千三百十八自治体それぞれの役場・役所の置かれている地点の標高値を出すことによって、住民の生活空間の標高として代替《だいたい》できないだろうか——。

具体的にどうやって値を出すのか見当もつかなかったし、その作業がどれだけ困難か、あるいは意外と簡単なのかも知るよしもなく、ただ思いつくままを語ったのだった。

これを聞いた社員たちはすぐに互いに言葉を交わして、その場で具体的な方法を検討し始めた。もちろん私にはほぼ意味不明である。彼らの会話の中には三回ほど「ポリゴン（コンピュータ・グラフィックスで、立体の形状を表現するときに用いる要素）」という専門用語が出てきた。ポリゴン？　当時の私はこれを聞きながら、ちっちゃな怪獣を連想していた。

ややあって彼らは私のほうへ向きなおり、私が望む指標を作ることは可能だと言

表7　地形と気候に関する変数と定義

変数	定義
人口（人）	当該市区町村に居住する人の数
面積（㎢）	当該市区町村区域の土地の広さ
人口密度（人）	人口÷面積
可住地人口密度（人）	人口÷可住地面積 ※可住地面積＝面積－（林野面積＋湖沼面積）
可住地標高 (m)	当該市区町村の役場／役所地点の標高
可住地傾斜度（度）	住宅や公共機関など全建物（全国約 350 万レコード）の、それぞれ真下にある土地の傾斜度を算出、市区町村別の平均値
海岸部属性	海岸線に接している市区町村に付与
島属性	周囲を海に囲まれ、北海道、本州、四国、九州、沖縄本島に属さない市区町村に付与
単一島属性	島属性を有し、なおかつ単一で島を成している市区町村に付与
海域	海岸部属性を有する市区町村のうち、役場／役所地点から最も距離の短い海岸線に付与。海上保安庁の定義により、日本海、太平洋、瀬戸内海、東シナ海、オホーツク海に分類

出典：国勢調査報告、国土地理院、海上保安庁（2000 年時点の計測値）

平均気温（℃）	一日のうち、毎正時 24 回観測した気温の平均値
降水量 (mm)	一日のうち、大気から地表に落ちた水（雨、雪、氷）の量
日照時間（時間）	一日のうち、直達日射量が 120W/m² 以上である時間 ※ 120W/m² 以下は、直射光によって物体の影が認められない程度
最深積雪量（cm）	積雪を観測した期間内の、積雪最大値

出典：（財）気象業務支援センター「メッシュ気候値 2000」
（1971 ～ 2000 年の 30 年間観測値を平均化）

ってくれた。落ち着いていて自信のある様子だったので、私は安心した。この指標はのちに、「可住地標高」と名付けられることになった。

この日を皮切りに私は次々と自分の思いつきを彼らに伝え、そのつど新たな指標という形に具現化してもらった。


表7に、解析に使った指標とその定義を掲げた。

地形に関する指標は、人口、面積、人口密度、可住地人口密度、可住地標高、可住地傾斜度、海岸部属性（海に面しているか否か）、島属性（島か否か）、単一島属性、海域。また、気候に関する指標は、平均気温、降水量、日照時間、最深積雪。すべて、市区町村ごとの値を用いている。

このうち、自分の解析のために新たに作った指標は、海岸部属性、島属性、単一島属性、海域、可住地標高、可住地傾斜度、以上である。

海抜七百メートルの山と高原

私は時々、聴衆に向かって眠気覚ましの軽いクイズを出すことにしている。

さて、ここで質問です。中心とその周囲がすべて海抜ゼロメートルである土地、地形をなんと呼びますか。私のこの問いかけに対し、聴衆からは「平地」「平野」などの声があがる。正解です。では次の質問。

中心点が海抜七百メートルの土地、その地形を、なんと呼びますか。

これに対しても、即座に「山」、時には「丘?」などという答えが返ってくる。まだありますよ、私はそう言い、聴衆があいまいな表情になったところへ、「台地」「高原など」と付け加える。

ここに二つの地形の写真を示した（写真②）。海抜はいずれも七百メートル以上ある。同じ海抜でも、いわゆる「山」（左）、それも切り立った険しい山と、平らかな「高原」（右）とでは趣きが随分異なっているのが見て取れる。当然のことなが

海抜700メートルの「山」と「高原」（イメージ）

②

ら、そこに位置するコミュニティの特性もまた違ってくる。

しかし険しい山も高原も、標高という指標だけで比べようとすると二地域とも同じカテゴリに分類されてしまう。それはどう考えてもおかしいと思った。いろいろと考えた挙げ句にいたったのが、土地の「傾斜」を示す指標を新たに作って解析に加えることだった。

前項で紹介した地図会社の社員らと、三千三百十八市区町村ごとの土地の傾斜をどのように指標化するかを話し合った。他の指標と同じく、それは実際に人の住むコミュニティを表現するためのもので、無人地帯の土地の傾斜は含まれないように気をつけなければならない。無人地帯ではないことの象徴として民家があること、住民の日常生活に必要な社会資源の「箱」——建物があること、これを利用して指標を作ろうということになった。

国土地理院が提供している基盤地図情報の「建物外周線データ」を使って、市区町村ごとにある建物すべて——、民家から始まり、駅、役場、病院、学校、商店、その他もろもろ、すべての建物の中心点直下にある土地の傾斜（角度）を抽出し、総計を求めた上で建物数で割り戻す。この市区町村ごとの平均値を、「可住地傾斜度」と名付けることに決めた。

険しくそそり立つ山と平らかな高原。その地理的特性が住民の日常生活や精神衛生面におよぼす影響には、なんらかの差異があるのではないか。この仮説に基づき、地理的特性と自殺率との関係を解析した結果が、図3のグラフである。

通常、この種のグラフでは二つの要素の関係性が直線によって描かれ、その傾き具合によって正負の関係や強弱を読み取る形式——「線形モデル」が多い。図3では、地理的特性と自殺率との関係をより細やかに検討するために、曲線グラフ——「非線形モデル」を用いて視覚的に確認した。

左図では、地域の可住地標高が自殺率にもたらす影響が示されている。海抜ゼロ

図3　標高と傾斜度が自殺率にあたえる影響

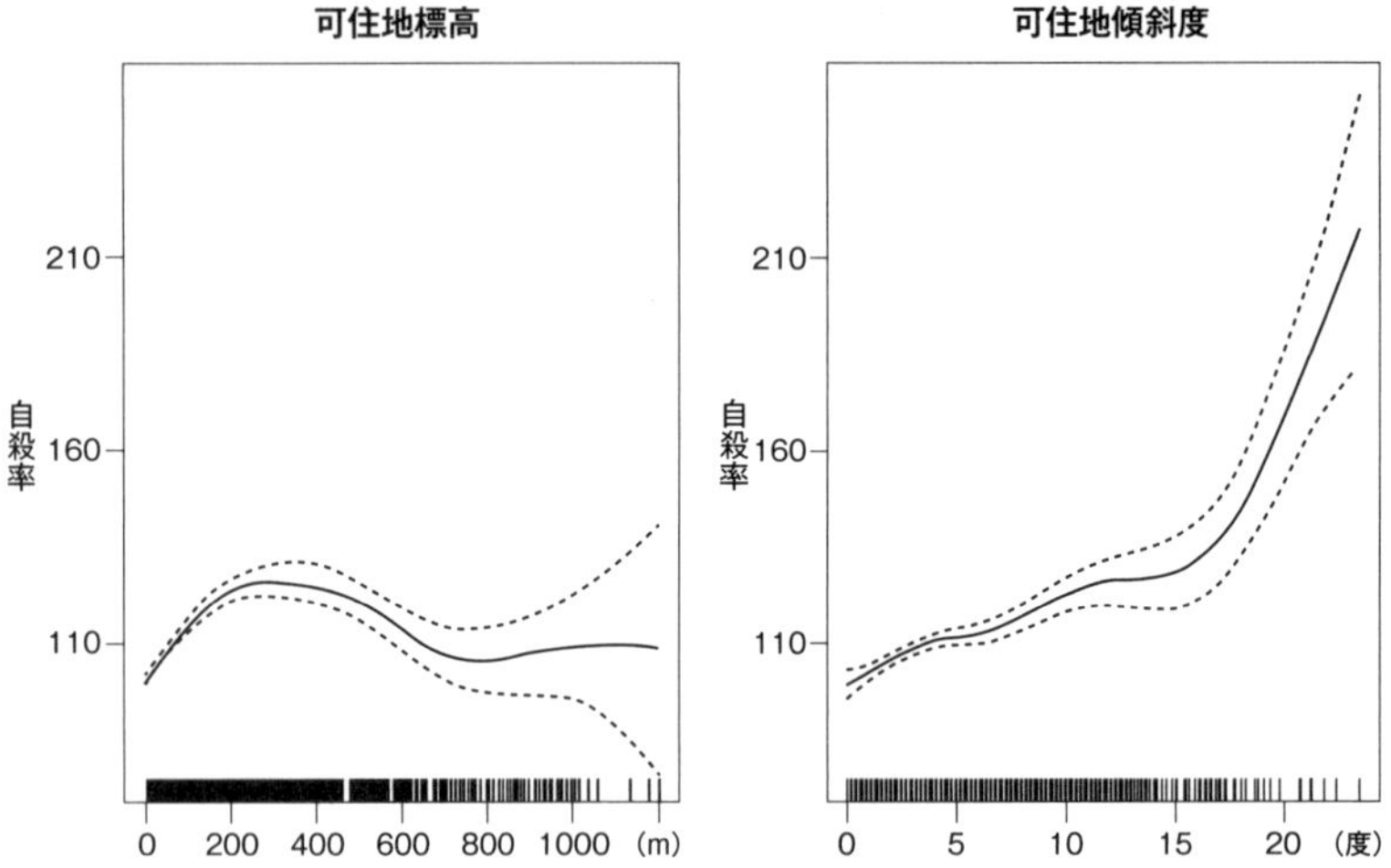

メートルから始まり標高が上がるにつれ自殺率への影響も高まっているが、しかしそれは三百メートルあたりをピークとして以後は下降し、六百メートルを過ぎてからはほぼ横ばいである。

　これに対し右図の可住地傾斜度では、傾斜が強くなるほど自殺率への影響が高まるという関係がはっきりと表れており、特に傾斜が十五度から二十五度くらいにかけては、影響の度合いが急速に高まっている。傾斜の値だけを言われてもピンとこないかもしれないが、たとえばスキーの直滑降において二十度以上の坂を滑るスキーヤーはかなりの上級者だ。これだけ急な傾斜地にあるコミュニティは、ある意味特殊な環境といえよう。

こうした解析の結果、標高が高いだけでは必ずしも脅威《きょうい》とならないが、そこに急な傾斜という要素が加わることで、地域の自殺率が高まるという可能性が示されたことになる。

この関係を説明するために、長野県の市町村を例にとってみる。

日本三大山脈を有する長野県では、平成の大合併前の百二十市町村の可住地標高平均値は約六百五十メートルであり、そのうち特に人口規模の大きな十七都市だけを選んだ場合にも、その平均値は五百七十四メートルで、日本でも有数の高地コミュニティといえる。ただし傾斜は強くなく、平坦な土地の、いわゆる高原地帯に広がるコミュニティばかりである。もしも標高だけが自殺率を高める背景因子であるならば、長野県の市町村の自殺率は非常に高いはずだが、実際にはそのほとんどが全国平均値を下回っている。つまりこの結果は、標高の高い市町村に、急な傾斜という危険因子が加わっていいなかったことにより生じた現象、と考えることができる。

統計数理研究所の教授はこれら二つのグラフを見て、全国市区町村の可住地標高が自殺率に対し必ずしも右肩上がりの関係を示さず、途中から横ばいになった理由について、「〝長野効果〟というわけですね」とコメントした。

では、こうした地理的特性がどのような経路をたどって自殺率に影響をあたえているのか、次項において私の考えを述べたいと思う。

地理的特性の直接・間接的影響

これまで述べてきたとおり、私は、全国三千三百十八市区町村の自殺統計と地理的特性データを用いて、自殺希少地域と多発地域の地理的な特徴を把握しようと試みた。

解析の結果、自殺率を高めたり低めたりするのにもっとも影響をあたえていたのは「可住地傾斜度」であり、次いで「可住地人口密度」「最深積雪量」「日照時間」「海岸部属性（海に面していること）」の順であった。このうち可住地傾斜度と最深積雪量は、その値が大きくなるほど地域の自殺率が高くなり、その反対に、可住地人口密度と日照時間、海岸部属性については、値が大きくなるほど自殺率が低くなるという傾向を示していた。

これらの結果を総合すると、日本の自殺希少地域の多くは、「傾斜の弱い平坦な土地で、コミュニティが密集しており、気候の温暖な海沿いの地域」に属していると解釈することができる。また、日本列島を取り巻く海洋を五つの海域に分割した場合、自殺希少地域は太平洋沿いの自治体にもっとも多く存在することがわかった。

自殺多発地域の特徴はこの逆である。「険しい山間部の過疎状態にあるコミュニティで、年間を通して気温が低く、冬季には雪が積もる地域」に多いという傾向が示されている。自殺希少地域である海部町、自殺多発地域であるA町の地理的特性の差異は、まさにこの対比に当てはまっている。

これらの地理的特性は、どのような経路をたどって自殺率に影響をあたえているのだろうか。その影響は、直接と間接の二つに分けて考えることができる。まず、直接的影響について例を挙げる。

標高が高く傾斜の強い山間部や、可住地人口密度の低い過疎地などでは、医療機関をはじめとして日常生活に必要な社会資源への距離や到達時間が長い。先行研究では、そうした社会資源へのアクセシビリティ（到達可能度）の不良が、うつや自殺の危険因子であると指摘されている。内閣府の調査によれば自殺の動機としてもっとも多いのは「病苦・健康問題」だが、その人が身体的・精神的になんらかの問題を抱えていたとしても、助けを求める先が周囲になければ対応の遅れにつながり、症状は重症化する恐れがある。

海部町では、救急病院からもっとも遠い民家でもものの十分で救急車が到着する。これに対しA町では、今でこそドクターヘリの受入体制が整っているものの、民間に委託された代行救急車が病人を乗せて山を下り、ふもとから登ってくる病院の救急車に連係する方式がとられていた。

また、傾斜の強い高所では徒歩や自転車での移動は容易ではない。雪深い地域ではなおさらである。身体活動量の不足がうつ発症の危険を高めるとする報告があるのだが、足腰の弱った高齢者や、自分で車を運転することが困難となった人は屋内《おくない》にとどまる時間が長くなり、身体活動量が不足し、結果としてうつ発症の危険が高まっている可能性がある。

商店、役場、学校、病院などといった日常生活に欠かせない社会資源が遠くにあるということ、また、民家と民家の間が遠く離れて点在しているということは、隣人との接触頻度が低くなることを意味する。多くの先行研究が「社会的支援」「ソーシャル・サポート」が自殺の危険を緩和すると報告しているが、この要素についても、地理的条件によって左右される部分は大きい。往来が容易ではない地域に暮らす人々にとっては、隣人を支援したいという意思があったとしても、現実にはさまざまな地理的バリアに阻まれて、十分に行き届かないという事態となりうる。

私はA町を訪れるようになって初めて、険しい山あいの集落というものを知った。急勾配《こうばい》の坂の上に建った民家が広域に点在し、互いの距離は遠い。ある民家の正面に望む「お向かいさん」は、大声で呼べば届くほどの距離にあるものの、二つの民家の間に深さ数十メートルの足がすくむほどの谷が横たわっていることに驚いた。いまでこそ、舗装された立派な車道が谷をよけた場所に敷設《ふせつ》されているものの、一昔前には、近隣の民家を訪ねるのにも急傾斜の曲がりくねった山道をつたって行かなくてはならなかった。こうした環境を見ていると、この町の老人たちが、隣人に対し軽々しく「来てくれ」「助けてくれ」と言えないという気質を身につけているのも理解できる気がしてくるのである。

このように、日常生活に必要な社会資源への到達、サポートの受け入れ、隣人とのコミュニケーションなど、住民の精神衛生にとって良いと考えられている要素が、地理的条件によって阻まれているという状況を、コミュニティの地理的特性がもたらす「直接的影響」と分類する。

さて、このあと述べるのが「間接的影響」である。あらかじめ強調しておきたいが、私は、この間接的影響こそが自殺対策の鍵であると考えている。

社会学者である田村健二は、自殺多発地域で行った調査結果から、地理的特性が住民気質を介して自殺率にあたえる間接的影響を指摘した。厳しい自然環境が住民の生活活動に支障をきたし、孤立が強められ、忍耐心が植えつけられる。そのことが誘因となって、うつ状態が生じる可能性があるというのである。

第二章で述べたとおり、自殺希少地域である海部町と多発地域であるA町では、住民気質にさまざまな違いが見られたが、そのうち最大の相違点のひとつが援助希求（悩みや問題を抱えたときに周囲に助けを求める意思、その行動）だった。アンケート調査の結果は、A町では援助希求に抵抗を感じる住民が多いことを示していた。インタビューにおいても、A町の高齢者は個人的な悩みで周囲に負担をかけることを慎み、安易に人に頼ることをせず、できる限り自分の力で解決しようとする傾向がうかがえたが、この気質は、厳しい自然環境が住民の忍耐心を強めるという、田村の指摘とも符合している。

海部町では、どうか。町に伝わる格言「病、市に出せ（悩みを開示し助けを求めよ）」にも象徴されるように、個々人が私的な悩みを打ち明けやすい環境づくりを心がけてきた点についてはすでに述べた。その特性は、海部町が物理的密集度の高い、アクセシビリティの良好なコミュニティであったことから、さらに促進されてきたとも考えられるのである。

A町の地理的特性が住民気質にもたらした影響について、もう一点、気がかりなことがある。

この町が医療への到達が困難な地域であることについて、町の老人たちは、「わしらが子どもの頃には、（急病人を）病院へ運ばんならんとなった時点で、もうあかんのやと覚悟を決めたもんや」と言っていた。

私はこの老人たちの言う「覚悟」の話を聞くまでは、医療環境の不良な過疎地に住む人々の心理を、少し違ったふうにとらえていた。なんらかのトラブルが発生したときに救援体制にすぐ到達できる環境にある人とそうでない人、何も起きていない平常の日々にあっても、彼らの潜在的な不安や心細さは自《おの》ずと違ってくるだろうと、そのことだけが頭にあった。

しかしA町の老人は、子どもの頃から「覚悟を決める」ことを知っていたという。なんとかできないか、なんとかなるかもしれない、そう思ってあらゆる選択肢にしがみつく代わりに、覚悟を決める——あらがわずに天命を受け入れあきらめるという態度を身につけてきた。医療機関に到達しづらい心細さよりも、到達できないことを受け入れてあきらめるという態度のほうが、その人の精神衛生に深い影響をおよぼしているかもしれないと思った。

このように、長年厳しい自然環境の中で生きることによって、その地域の人々が克己《こっき》心や忍耐を固着させ、世代を超えて継承されている状況を、地理的特性がもたらす「間接的影響」として分類している。

私が地理的特性と自殺率との関係について話をすると、それなら居住場所を変えればよいではないか、という人がいる。あるいは、自分はこのあと山間部へ移住しようと計画しているのだが考え直したほうがよいだろうか、という人もいる。さらには、いくらこのような解析をして地理的特性と自殺率との関係が明らかになったからといって、すぐさま自殺希少地域に引っ越すわけにもいかないのだから意味がないではないか、そのように言う人もいる。

私は、こうした意見のいずれに対しても反論する。

険しい山間部のA町で出会ったお年寄りたち――隣人に迷惑をかけることを極力避けようとし、我慢強く克己心があり、私的な問題で助けてくれとはなかなか言い出せない人たち――この人たちを、たとえ海沿いの暖かい平坦な地域に連れてきたからといって、にわかにその気質までが一変するとは考えにくい。

それが人として備えるべき心得であると、彼らは先人たちから教わってきたのだし、実際それは尊ばれるべき美徳であって誰からも否定されるものではない。ただ、自殺対策という枠組みの中で考えたときに、うつや自殺への傾きを強める危険があることを注意喚起したいがためにあえて指摘しているのであって、こうした美徳が取り除かれてよいなどとは、そもそも私は思っていない。

問題がたんに医療へのアクセシビリティ（到達可能度）や生活空間の利便性といった要素にとどまるならば、現代の科学技術をもって改善することも不可能ではない。できることはどんどん進めていくべきだろう。

では、自殺希少地域である海部町の住民を、異なる住環境に移した場合はどうだろう。彼らの住民気質にたちまち変化が起きるなどという事態もまた想像しにくい。数百年という歳月の中、自然環境がもたらした社会文化的背景によって培われてきた人々の思考傾向や行動パターンは、一朝一夕に変化するものではない。

だからこそ私は言いたい。ただ短絡的に住環境を変えればよいというアイディアに飛びつく前に、いま目の前にいる人の「気質」のほうに注意を向けてほしいと。

元気のない人がいたとする。大丈夫？　と声をかけると大丈夫だという返事が返ってくるが、その言葉とは裏腹に深い悩みを抱えていて、しかしなかなか弱音を吐けないのかもしれない。この地域の人々はそのように自分を律する傾向があるからと、心に留めて注意を払うのと、そうでないのとでは、いざというときの危機対応が大いに違ってくる。危険が高まる兆候を早期に見つけることが、なによりの自殺対策となる。

海部町の「サロン」活用法

海部町を歩くと、サロン機能を持つ場、社交場所が多いことに気づく。界隈で特に有名なものとしては、「共同洗濯もの干し場」が挙げられる（写真③）。これは、超過密居住区に住む人々が、便宜上、近所の空き地に設けたものだ。近隣の住民たちは、早朝に洗濯ものを干しにやって来て、午後にはまた取りこみに来る作業を毎日繰り返す。同じ時間帯に人が集まることから、格好の情報ハブ（集散地）となっている。役場の職員や保健師はよく、海部町での情報伝達の速さを指摘するが、このような場所があれば嫌でもそうなるだろうと思わされる。

同じような機能をもつ場所としては、墓地、スーパーマーケットやその他の商店などがある。こうした場所で、数人が頭を寄せ合って立ち話をしている姿を頻繁に見かける。公民館や老人センターもよく活用されている。

私が調査に入った当初、一般住民と話をしたいと言ったところ、保健師は「老人センターの、マッサージ機のある部屋へ行ったらええね。誰かおるからね」と教えてくれた。確かにいつ行っても必ず男女数名の住民がいて、うぃーんうぃーんと鳴くマッサージ機に横たわった姿のまま、私と会話してくれたものだ。

またこのあたりでは、「みせ」「みせづくり」などと呼ばれる古い建築様式の住居が多く見られる。これは、家の壁に外に向かって取りつけられた板戸を上げ下げする仕組みである（写真④）。阿波学会の郷土研究論文集によれば、海部町に残っているみせづくりの数は四国でもっとも多く、全国でも例を見ないとのことである。

かつてはその「みせづくり」の板を下げて路地に陳列台として設置し、品物を並べて商売に用いていたというが、現在は夕涼みなどの縁台として利用されることが多く、これがまた近隣住民の格好のサロンとなっている。集合時間や参加者の顔ぶれなど決まりごとは一切ないが、たそがれどきともなると近隣からひとりまたひとりと集まってくる。通りすがりの人が縁台の人たちに声をかけられ、そのまま座りこんでおしゃべりをしているというのもよく見られる光景である。

二〇〇八年の夏に初めて調査に入った翌日、住民から「いま、あんたのこと話しよったんじぇ」と言われて面食らったのも、この「夕涼みサロン」の横を私が自転車で通り過ぎようとしたときだった。ことほど左様に、海部町では情報伝達のスピードがめざましい。

海部町には寺や神社が多い。徳島県宗教法人一覧によれば、県内の海部郡に属する百六十九件のうち海部町内にあるのは三十件で、面積あたり件数は郡に比較して三倍以上である。海部町は特に面積が小さいこともあって、少し歩くとすぐに寺に行き当たるというイメージがある。

近隣に寺が多いことが、住民の精神衛生に良い影響をあたえるとする説がある。しかしこのことを住民の「信仰心」に関連づけてとらえてよいのかどうか、以前か

共同洗濯もの干し場　③

建築様式「みせづくり」　④

ら私は疑問だった。すでに述べたように、海部町コミュニティの大きな特徴のひとつは、統制や均質を避けようとする傾向である。特定の対象を絶対的なものと信じて従う「信仰」という行為に、この町の人々が一斉に取り組む姿はイメージしにくい。いわゆる信仰の対象としての機能のほかに、この町の人にとって寺や神社は、また別の機能が提供される場所であるのかもしれないと思っていた。

私が定宿にしていた旅館から役場へ行くには、近所の寺の境内を横切って歩くのが近道だった。たまに住職やその家族らしき人に出会い、「おはようございます」「おはようさん」などと挨拶を交わす。こぢんまりした境内は清々しくそして開放的で、威圧感のようなものはまったくなかった。このように言っては失礼かもしれないのだが、仏教の教えを説き仏事を行う厳粛な場というよりは、気軽な立ち寄り所のようだと感じていた。

ある寺の住職は、こんな小さな町にこれだけ沢山の寺や神社がある理由として、移住者たちがそれぞれ持ちこんだ習慣を根付かせた結果ではないかと言った。私が「長年の間、よく共存してきましたよね」と言うと、住職は、「ほれは、〝信仰〟と一線を画しているからですわ」と答え、さらに続けて、「まあゆうたら、寺や神社は町内の寄り合い場所のようなもんで、宗教の違いやら気にかけるもんはあまりおらんので。わし、八幡さん（八幡神社）の祭りにも毎年喜んで参加さしてもろうとりますもん」と語った。私が面白がると、「宗教の違いやどうのこうの言う前に、この町の住人やからな」と、住職はにこやかに言った。

確かに、神社で結婚式をあげながら寺で葬式を出すことになんの違和感もない私たち日本人にとって、これはすんなりと腑に落ちる話である。

このように海部町には、住民が気軽に立ち寄れる場所、時間を気にせず腰掛けていられる場所、行けば必ず隣人と会える場所、新鮮な情報を持ちこんだり広めたりすることのできる場所が、数多く存在する。私はこれらを総合して、海部町は「サロン機能」を多く有するコミュニティであると考えている。

サロンの存在は、確かに住民の日常生活に良い影響をあたえるだろう。そこに行けば隣人とおしゃべりができるし、役立つ情報が手に入り、ちょっとした愚痴も聞いてもらえたりして気晴らしができる。孤独や孤立を感じることが少なくなる。高齢者にとっては、外出することで運動量が増えることにもつながる。

さらに、忘れてはならない重要なポイントがある。

こうしたサロン機能を有する場や、日常生活を送るのに欠かせない商店、学校、診療所、役場などの社会資源に対し、住民たちが「いつでも」「自分が行きたいときに」「自分の力で」行けるということが肝心なのだ。ここにもまた、コミュニティの地理的特性が大いに関係している。

誰もが基本的に徒歩や自転車で、目的の社会資源に到達できるという住環境が整っていれば、住民たちはそれら資源を最大限有効に活用することができる。そのためにはコミュニティが傾斜の弱い平坦な土地の上にあり、複数の社会資源がコンパクトかつ集中的に配置されていて、それらをいくつか巡ってもさほど労力と時間をとらずにすむ、アクセシビリティの良好な環境である必要がある。

逆にこれが、(目的地まで遠く、道もよくないので)頻繁に行けるわけではなく、(バスは一日に二本なので)自分が行きたいタイミングで行けるわけではなく、(誰かの助けを借りたり、車に便乗させてもらったりしなければ行けないので)気兼ねする、となればどうだろう。コミュニティの中にどんなに立派な社交場を設けたからといって、住民にあまねく活用されるわけでないのは目に見えている。

海部町にはサロン機能をもつ場が多く配置されているが、それはこの町の地理的特性があったからこそ住民の利用が促されてきたのである。

第五章

明日から何ができるか

——対策に活かすために

「いいとこ取り」のすすめ

私が海部町の調査から知りえた自殺予防因子の話をすると、聴衆の中には次のような感想を述べる人がいる。

海部町コミュニティにある自殺予防因子は、確かに結構なものである。自殺への傾きを抑制するメカニズムについても納得がいった。しかし、それを説明されたからといって、どうしようもない。数百年かけて培われてきたこの町の住民気質を、いまさら到底真似できるわけがないではないか、と。

実は私は、それほど困難を感じることでもないと思っている。

海部町数百年の歴史を、一からたどってコピーすべきなどとは言っていない。町の先達が大切にしたいと思い、試行錯誤の末に後世に残してきたこと、それらがいまここに抽出され、しかも自殺の危険を緩和する可能性が示唆《しさ》されたのだから、これに共感した人は次の日からただそれを取り入れればよい。

つまり、「いいとこ取り」をすればよいのである。

そもそも私は、この町の先人たち――数百年前にこの地に集まってきた移住者たちが、それまで暮らしていた各々の故郷から「いいとこ取り」をして持ちこんだのではないかと睨《にら》んでいる。生まれ育ったコミュニティの窮屈な規範、状況不変のイデオロギー、膠着した人間関係などに息苦しさを感じ、そこから脱却したいと考えて移住を決心した人も多かったかもしれない。そうした古い衣を脱ぎ捨てる際に、自分の〝お気に入り〟だけは懐《ふところ》に忍ばせて運んできたのではないか。それらは新天地において篩《ふるい》にかけられ、住民たちの好みと合意にかなったものだけが残り、次世代へ引き継がれていったと想像するのである。

いま一度思い返してもらいたいのだが、海部町コミュニティに見出した自殺予防因子の正体は、特別に高尚でもなければ複雑でもない、いたって単純で理解しやすいことばかりだった。

とはいうものの、現代の情報化社会にあって、若者たちの「標準化」は急速に進んでいる。海部町といえど、その点は例外ではない。かつて全国各地のコミュニティがそれぞれに有していた特性は――悪しき慣習がなくなるならともかく、併せて長所までが色あせ、全国がのっぺりとしたモノトーンへと標準化の速度を上げている。そのスピードに追いつかれる前に、いち早く「いいとこ取り」をすませておかなくてはならない。

では、次の日からどのように取り入れればよいのか。

このあと、ひとつの例を挙げる。これを読んで、当てがはずれたような気になる人も中にはいるかもしれないが、これまでのところ、「それならできそうだ」と言ってくれる人も少なくないので、その考え方について以下に説明をしたい。

自分はただのちっぽけな存在に過ぎないが、それでも、世の中で起こるさまざまな出来事に対し、なんらかの影響をあたえる力を持っている――。前述したように、自分のことをそんなふうに思える感覚を、心理学の分野では「自己効力感」と呼ぶ。自殺多発地域のA町では、どうせ自分なんて、と考える人が多く、海部町では少ないということを第二章で述べたが、どうせ自分なんて、と考える傾向がより強い人は、この自己効力感がより低いと考えられる。

自己効力感が低いと、どのようなことが起きやすいか。自己効力感は、問題に直面したりストレスが高まったりしたときの、柔軟な対処能力と関係している。自己効力感の低い人は、問題に立ち向かうことをあきらめたり、現状をどうにかして改善できるかもしれないという希望を、早々と手放してしまったりする傾向にある。

うつや自殺への傾きは、自分はこの困難を乗り越えることができないと感じ、打ちひしがれることをきっかけに始まると考えられており、自殺予防の観点からも自己効力感は大変重要な概念であるといえる。

自分の力を信じることができず、早々とあきらめてしまう、自己効力感が低い状態を、「どうせ、自分なんて」という言葉に置き換えて、この概念の重要性をより多くの人と共有したいと考え続けてきた。

あるとき私は、自分自身が「どうせ」という言葉をどのくらい使っているか、またどのように使っているかを点検してみた。かつて使った場面を思い返し、なぜ使ったかも考えてみた結果、あまり深い意味はないという結論に落ち着いた。つまり、なんとなく、漫然と、惰性で口にしていた可能性が高い。

私は、集まってくれた地域の人たちにそのことを話した。

私もね、「どうせ自分なんて」って、言うことがあります。でもそれって、あまり深い考えもなく口にしている。それを言って何かいいことがあるかといえば、特にない。ないのに、なんとなく言ってしまっているんですよね。

会場の人たちは、ふんふんとうなずきながら聞いてくれている。

でも、想像してみてほしいんです。どうせ自分なんて、というのが口癖になっている大人たちばかりのコミュニティに育つ、子どもにとってはどういう影響があるかを。子どもたちは未知の、無限の可能性を秘めているのに、「どうせ自分なんて大した力はない」「どうせこのくらいまでしか行けない」というメッセージを日常的に浴びせられて、知らず知らずのうちにその感覚が刷りこまれているとしたら、あまりにももったいないと思われませんか。

会場の人たちは、さらに大きくうなずいている。

このように話した後、私は提案することにしている。

ですから、明日から「どうせ自分なんて」って言うの、やめませんか。だって、あまり深い意味もなく使っていて、使ったからっていいことは特に何もないのに、一方で子どもたちに悪影響が出ているかもしれないのだとしたら、やめたほうがよくないですか。私自身も、一生言わずにすむかどうかはわからないけれど、心がけてみようと思ってるんです。

すると、その場にいた人たちが「ほんまになあ」「やめたほうがええな」「そのくらいなら、できそうやな」などと言い出し、徐々に表情が明るくなってくる。そして、「明日《あす》からは、〝どうせ〟は言わないキャンペーン」というものを展開しようということで盛り上がり、にぎやかな笑い声の中、会はお開きとなる。こんなことを時々、やっている。

ことはそれほど簡単ではない、自殺問題の抜本的解決になっていない、そういう意見もあるだろう。しかし、まず態度を変えることによって、つまり形から入ることで、内面の変化が後からついてくることもある。そういう効果を狙《ねら》っている。

不完全ではあっても、明日からでもできることをすぐに取り入れることこそが肝心なのだと、気づいてもらいたいのである。

一連の調査から得た知見は、私たちがどちらへ向かって行けばより「生き心地」がよくなるかという、その方向性を示してくれたと思う。せめてこの先、歩き出す方向を見誤らない、逆に向かって行かないというだけで、何かが違ってくると私は信じている。

生きていくのがつらい、生きづらさの嵩《こう》じた先に自殺があるとすれば、自殺の少ない社会は「生き心地のよい」社会であると言える。自殺対策とはすなわち、人間にとって生き心地のよい世界をどう造り上げるかという、試行錯誤そのものである。その第一歩をどちらへ向かって踏み出すか、ひとりひとりが自分自身に問いかけることから始まる。

「いかにしてこの世から自殺を減らすか」という命題には、頭を抱えてしまう人もいるかもしれないが、「どのような世界で生きたいと思うか」という問いかけに対しては、自分なりの答えを必ず出せるはずである。

行政がとるべき措置《そち》としては、これは対策にたずさわる多くの人が主張していることなのだが、短期と中長期の二つに分けて考えるべきと思っている。

短期的にはなんといっても、ハイリスク群（特に危険度が高いと思われる人たち）に照準を合わせるという一点に尽きる。健康上の深刻な問題を抱える人、経済的困窮に陥っている人、最近大きな喪失体験をもった人、精神疾患に罹患している人たちなどに特別な注意を向けて、自殺への傾きが急速に強まっていくのを水際でくい止める努力が必要となる。ただしここで単一のセーフティネットを設けるだけでは、ネットの隙間から抜け落ちる人の出る恐れがあり、重層的にネットを張ってそうした人たちをくい止めるためにも、多種多様な立場や専門分野からの知恵と工夫が結集されなくてはならない。

そして中長期的には、より弾力性の高い思考や問題対処能力を身につけるための教育と、社会全体を対象とした啓発が挙げられる。本書では主に後者の、中長期的対策の鍵となる要素について長々と述べてきたこととなる。

私の長い話もエピローグに近づいてきた。

このあと私が述べるのは、自殺対策を進めていく上で障壁となるものは何か、逆に、推進力となるものは何かということであり、私自身が調査を進める過程で新たに気づかされたことばかりである。

ここ最終章では、それらの気づきをより多くの人と共有することで、風変わりなこのコミュニティ――徳島県旧海部町をめぐる調査と分析結果の報告を、いったん終えることにしたい。

通説を見直す――思考停止を回避する

自殺の地域研究や自殺対策にかかわる世界では、ほぼ定着した説がいくつかある。そのうちのひとつが、自殺予防には「絆《きずな》」「人とのつながり」がもっとも重要な要素のひとつであり、この点を強化する必要がある、という説である。コミュニティにおける住民たちの「強い絆」こそが自殺の危険を緩和しているとするこの説に、もちろん私自身も共感し、支持していた。

しかし、である。自殺希少地域である海部町に入り、その後自殺多発地域A町にも対象を広げて調査を進めているうち、何かがおかしいと思うようになってきた。

住民たちに「この町の特徴はどんなところですか」「この町の自慢は何ですか」などとざっくりした質問を投げかけると、次のような答えが返ってくる。

ここは自然が豊かだ、空気がきれいだ、水がおいしい、近所の人が親切だ、互いに助け合って暮らしている。

そして私が東京からやって来たことを知ると、こう付け加える人がいる。都会は怖いねぇ、隣に住む人の顔も知らないというじゃないか——。

そこが自殺希少地域であれ多発地域であれ、面白いほどに、住民の答えの内容は似通っている。特に強調されるのが、地域の助け合い、すなわち「絆」である。東京のような大都会と比較すれば、地方においては自殺希少地域と多発地域の別なく、「絆」や「人とのつながり」は大いにある。あえて強化する必要などないほどに、すでにたっぷりと存在する。日本の地方の町村の大半が、近所づきあいが盛んで、よく助け合うコミュニティだという話になるだろう。

私が通説に疑問をもったきっかけは、彼らのこの答えだった。

彼らが言うように、自殺希少地域にも多発地域にも同じように「絆」や「つながり」があるのだとすれば、それらは必ずしも自殺を抑制する要素として機能していない、という理屈になる。私は、人々が「絆」「つながり」と呼んでいるものの本質やそれに対する人々の意識に、地域によって差異があるのではないかと考え始めた。

試行錯誤しながら研究を進めた結果、自殺希少地域である海部町では、隣人とは頻繁な接触がありコミュニケーションが保たれているものの、必要十分な援助を行う以外は淡泊なつきあいが維持されている様子が窺えた。

対する自殺多発地域A町では、緊密な人間関係と相互扶助が定着しており、身内同士の結束が強い一方で、外に向かっては排他的であることがわかった。二つのコミュニティを比較したところ、緊密な絆で結ばれたA町のほうがむしろ住民の悩みや問題が開示されにくく、援助希求（助けを求める意思や行動）が抑制されるという関係が明らかになった。

つまり、二つの地域の住民は同じように「絆」や「助け合い」という言葉を口にしていたが、その本質には大きな差異があったのである。

このことを通して私は、通説の功罪について考えるようになった。

人との絆が自殺対策における重要な鍵であるとする主張自体は、まったく間違っていない。私自身もまた、かつてはこの通説をよく引用していた。ただし今ふり返って思うのは、その言葉を引用するだけであたかも何かを伝えた気になって安心してしまい、思考停止してはいなかったかということである。よりこまやかに内容を検討し、さまざまな場面に当てはめて検証していくという作業を、かつての私は怠っていた。

通説にはこれを用いる人々の思考を鈍らせるという副作用がある。それが耳触りのよいメッセージである場合にはさらに用心すべきであることを、肝に銘じておきたいと思っている。


通説ということに関連して、もう一点ここで問題提起したいことがある。

いじめにより、ある中学生が自殺した事件をきっかけに、全国の教育現場で自殺対策に関する白熱した議論が行われている。時々耳にするようになったのが、「命を大切にする」という教育の必要性についてである。現代の子どもたちは命を粗末にする傾向があるため、つらい目に遭ったときにも簡単に命を手放さない人間になるよう、幼い頃から命の大切さについて教えようという趣旨である。目新しい理念ではないが、いままたその重要性を訴える声が高まっている。

私はこの議論の盛り上がりに、なんとなく落ち着かない気分になる。本当にそうなのだろうか。だとすれば、あの少年は、命を粗末に考えていたから自殺を選んだということになるのだろうか。「命を大切にする」教育がいまよりも普及していれば、あの少年は死なずにすんだのだろうか。何度も自問自答してみたが、最後はいつも「いや、問題の核心はそこではない」という答えに行き着く。

誤解のないように断っておきたいのだが、私は、「命を大切に」という教育が重要であるとする意見に異を唱えているわけではない。心から賛同している。ここで私が問いたいのは、あの少年のようなケースに対し、「命を大切にしよう」という呼びかけがどのような効果をもたらして自殺の危険を抑止するのか、そのシミュレーションを行った上で提言されているのだろうか、という点である。

さもなければ、かつての私のように、あたかも大層なメッセージを伝えたような気になって安心し、その実なにも届いてはいないという事態にもなりかねない。ここにもやはり、通説や常套句《じょうとうく》を用いる人が陥りやすい思考停止が起きているような気がしてならない。耳触りのよいメッセージだけに、なお心配になる。

通説とは、取扱注意なのである。

こだわりを捨てる——〝幸せ〟でなくてもいい

海部町とその両隣に接する町を比較した場合、海部町の住民幸福度は三町の中でもっとも低い。つまり、「幸せ」と感じている人の比率がもっとも小さい。

初めてこの結果を目にしたとき、私は非常に意外な気がした。

これら三町はいずれも徳島県南部の太平洋に面し、地形や気候、人口分布、産業構造など、共通する特性は多い。一見すれば、非常に似通った三つの田舎町に過ぎない。そうした中にあって、海部町の自殺率だけが突出して低いということ自体がそもそも不思議だった。

住民幸福度に関するそれまでの私の漠然とした考えは、自殺の少ない地域では幸せな人がより多く、自殺の多い地域では不幸な人がより多い——端的に言ってしまえばそういうことだった。私自身の考えというよりも、このことはある種の通説になっていた。この通説を当てはめるとすれば、自殺率が突出して低い海部町の住民幸福度は、これら三町の中でも突出して高くなければならないということになるが、実際には通説と真逆《まぎゃく》の結果が出ている。

分析結果を見ると、「幸せ」と感じている人の比率は海部町が三町の中でもっとも低い一方で、「幸せでも不幸せでもない」と感じている人の比率はもっとも高い。また、「不幸せ」と感じている人の比率は三町中もっとも低かった。

海部町とその他の地域を対象に行ってきた一連の調査では、既成概念をくつがえされることがたびたびあった。そんなはずがないと思ったり、非常に意外だったりする事柄に出会うたび、それまで思ってもいなかった新たな知見に目を向けることにつながった。自分の予想と違った分析結果は、私が未だ気づいていない何かを教えてくれようとしている。

私はこの幸福度に関する調査結果――海部町は周辺地域で「幸せ」な人がもっとも少なく、「幸せでも不幸せでもない」人がもっとも多い――という結果を示して、海部町の住民や関係者たちに感想を聞いて回った。興味深かったのは、海部町民自身がこの結果をすんなりと受け入れ、さほど意外とも思っていない様子だったことである。

「ほれが（幸せでも不幸せでもないという状態が）自分にとって一番ちょうどええと、思とんのとちゃいますか」そう言った人がいた。〝ちょうどいい〟とは、分相応という意味でしょうかと私が尋ねると、その人は少し考えたのちに、「それが一番心地がええ、とでもゆうか」と言い足した。同じようなことを言った人が、ほかにも数人いた。

なるほど。この人たちの言いたいことが、ぼんやりとであるが伝わってきた。「不幸せ」という状況に陥りたくない人は多いだろうが、では「幸せ」ならよいのかというと、考えようによってはさほど結構な状況でもないのかもしれない。「幸せでも不幸せでもない」という状況にとどまっていれば、少なくとも幸せな状態から転落する不安におびえることもない。そういうことを、この人は言いたいのかもしれないと思った。

幸福感というのは客観的な指標ではなく、その人の極めて主観的な観念であり、同時にそれは、相対的な評価でもある。

相対的評価という言葉の意味であるが、人は通常、自分が幸福かどうかを判断するときになんらかの〝物差し〟を使う。幸せというものはこれこれの条件が満たされている場合を指す、といった漠然とした基準が人それぞれにあり、これに当てはまっているかどうかを自己判断する。世間や他者と比較して自分を測るという行為であり、つまり、比較対照する世間や他者の状況に応じて自分の幸福度もまた上がり下がりする。このように考えていくと、「幸せでも不幸せでもない」状態とは、その判断基軸をあちこちに動かされることなく、案外のどかな気分でいられる場ともいえるかもしれないのである。

さらにいえば、「不幸でない」ことに、より重要な意味があるとも感じる。「幸せであること」より「不幸でないこと」が重要と、まるで禅問答のようでもあるが、海部町コミュニティが心がけてきた危機管理術では、「大変幸福というわけにはいかないかもしれないが、決して不幸ではない」という弾力性の高い範囲設定があり、その範囲からはみ出る人――つまり、極端に不幸を感じる人を作らないようにしているようにも見える。

この考えを海部町のある男性に話したところ、彼は自分の膝を叩くようにして、「ほれ、そこがこの町のいかん（駄目な）ところや」と大きな声を出した。男性は、「そこそこでええわ、と思ってしまう。ほやからこの町には大して立身出世するもんがおらん」と嘆いた。もちろんいないわけなどない、現実には大勢の人が立派に出世しているのだが、彼の言わんとすることは理解できる気がする。私も薄々気づいていたのだが、海部町の人々には執着心というものがあまり感じられない。艱難辛苦《かんなんしんく》を乗り越えてでも、という姿をイメージしにくいのである。

住民幸福度に関する調査結果をふまえて、私なりの考察をいろいろと述べてきたが、何をもって幸せと定義するかは人によって千差万別である。人の幸せというものが数量的な分析にそぐわないという限界があることを、言い添えておきたい。この「幸せでも不幸せでもない」という回答を選んだ根拠もまた、人によってさまざまなのだろう。幸せとは言いきれない、かといって不幸せでもない、消去法による選択であった可能性も高い。そもそも日本人は、「どちらでもない」「まあまあ」「ふつう」といった中間値を選ぶ傾向が他国に比べて非常に強いとされている。

もうひとつ、この調査結果によって気づかされた重要なこと、しかも極めて当たり前のことがある。住民の現時点での幸福度を測っても、将来起きるかもしれない自殺への傾きは予測できないという点である。

現時点では幸せでも、この先、病苦や経済問題のような思いもかけない困難に遭遇するかどうか、それは誰にもわからない。ほとんどの人が必ず乗り越えなければならない、かけがえのない大切な人との死別という悲しみもある。そうした困難な局面で無意識に発動される思考傾向や行動様式が、日頃の幸福感よりもよほど重要であると私は思っている。

言い換えれば、「幸せ」であることが必ずしも大切なのではなく、なんらかの理由により幸せを感じられなくなったときの対処の仕方こそが肝心なのである。

対岸から眺める——危険因子はゼロにならない

自殺対策を考える際に、念頭に置かなくてはいけないことがある。

いかなる努力をもって取り組んだとしても、自殺の危険因子をこの世から完全に取り除くことは不可能だという点を忘れてはならない。

繰り返しになるが、内閣府の報告によれば、自殺の動機でもっとも多いのが「病苦・健康問題」、ついで多いのが「生活苦・経済問題」である。誰しもが生きていく上で遭遇しうる普遍的な問題であり、この二つで全体の約七割を占めている。

また、うつや自殺へと傾いていく「引き金」として挙げられるもののひとつに、喪失体験がある。喪失体験とは、その人にとって非常に大切なものを失うことを意味し、たとえば仕事に関していえば失業、リストラ、倒産、破産などがある。ここまで厳しい事態ではなくとも、定年退職や健康上の理由による現役引退、はたまた受験の失敗などであっても、意気消沈してしまう人は少なからずいる。失恋や離婚などによる喪失体験も同様である。体面や信頼といった抽象的な対象であっても、これを失ったと思いこむことで深く傷つく人もいる。

このほかに、おそらく世の中のほとんどの人が体験するのが、その人にとってかけがえのない存在である誰か——友人、恋人、親や配偶者などを、死別という形で永久に失う悲しみである。なんらかの理由ですでに心身のパワーが落ちていた人や、もともと脆弱《ぜいじゃく》な状態にある人、ストレスにうまく対処する手立てをもたない人らが、こうした喪失体験という危険因子にさらされることで、うつや自殺への傾きを急速に強めるケースがある。

このように考えていくと、自殺は一部の人の特殊な出来事ではなく、極めて身近な問題であると思えてくる。そもそも、日本において自殺により死亡する年間三万人という数字は、交通事故によって死亡する人数の約六倍であり、この事実を知りながら自殺を特殊な死因であるかのように扱うほうが、よほどおかしいといえよう。しかも、幸いにも命をながらえた自殺未遂者は、自殺既遂者の十倍から二十倍は存在すると考えられている。

ここまで述べたことを、ここにもう一度整理する。

自殺は一部の人の特殊なケースではなく、身近な社会問題と考えるべきである。自殺危険因子の多くは日常生活に潜み、人が生きていく上で誰しもが遭遇しうる事柄だ。しかもそれらは、いかなる手を尽くしたとしても、この世から完全に除去することができない。

だから私たちは、対岸へ渡り、逆の立場から問題を眺める必要がある。自殺の危険を緩和する要素、「自殺予防因子」を探し求める意義は、ここにある。

思い返してほしい。自殺希少地域である海部町では、住民に困難や悲しみをもたらす要素が他の地域に比べて特別少ないわけではなかった。他の地域と同様に自殺危険因子がありながらも、海部町のコミュニティに予防因子が定着し機能していることで、その危険の度合いが緩和されていると考えられるのである。

危険因子はゼロにならない。

そのことを念頭に置き、自殺対策においては、危険因子を軽減する最大限の努力をしつつ、同時に、予防因子の強化に注力する必要がある。対策にたずさわる多くの人々がすでに認識している事柄ではあろうが、私は海部町とその他地域での一連の調査結果によって、さらにその思いを強めることとなったのだった。

人の業《ごう》を利用する――損得勘定を馬鹿にしない

そもそもなぜ海部町は、このようなコミュニティをつくり上げてきたのか。

何が彼らを動かしてきたのだろうか。

私が海部町の話をすると、聞き手から挙がる質問である。

これに対しとりあえず返す私の答えは決まっていて、「それが海部町民にとって〝お得〟だったからです」と言うことにしている。きょとんとされることもあるし、あるいは不服そうな表情になって「損得の問題ですか」と問い返されることもある。

損得の問題なんです——私は「損得」という部分に力をこめて言う。二〇〇八年から海部町に入り、インタビューやアンケート調査を積み重ねてきた結果たどり着いた、私の結論である。数百年の歴史の中で海部町民が成してきた、数々のユニークなコミュニティ特性。それらすべての出発点に、この「損得勘定」があったと私は考えている。

第三章で紹介したように、町の外から海部町を眺めてきた近隣の人たちは、海部町民には〝賢い〟人が多いと言った。それは「生活していく上で」の賢さであり、彼らが海部町民を称して使った表現を総合すると、世事に通じ、機を見るに敏であり、合理的に判断し、損得勘定が速く、またその頃合いを知っている人々だということになる。

近隣の人々のこの観察に、私も強く共感する。

江戸時代の一時期に流れこんだ移住者たち、多士済々の人々によって短期間につくり上げられた海部町。他の多くの伝統的なコミュニティにはヒエラルキー（権力構造）が確立されており、号令一下、住民たちは定められた規範にただ従うのみであるが、黎明期の海部町にはそうした指示系統も統制機構もない。ではどうするか。無統制にてんでんばらばらの方向を見ている人々をまとめ上げるものは何か。

人は誰でも——例外はもちろんあるだろうが——まず、その行為が自分の「得」になるかどうかを考える。しかし当然のことながら、各人が利己ばかりを追求していたのではたちまち社会は破綻する。生まれたばかりのまだ不安定なコミュニティであればなおのこと、誰かひとりが突っ走った結果大きく失速すれば、周囲の人々も巻き添えをくらって墜落する危険性が高い。新天地に集まった移住者たちにとっては〝共存〟が最優先課題であるのに、それでは大変困る。

利己主義は人間の業ではあるが、同時に、現時点で多少の損失（コスト）を出しても、のちに利益として戻ってくると信じることができれば、その間の時間を我慢して待つことができる。これもまた、人間の素朴な欲望から発する普遍的な行動パターンである。

たとえば隣人の誰かが悩みやトラブルを抱えていたとして、周囲がそのことに気づかないまま過ごし、発覚したときには取り返しのつかない事態になっているというのでは、共倒れの危機にさえなりかねない。ゆえにできる限り早めに開示させ、その時点では周囲の人々が多少の面倒を引き受けなければならないものの、長い目で見れば損失を大きく減らせるという発想をもって、海部町では「病、市に出せ」という教えを広めてきた。それも、この格言をただ言うだけでは十分ではない。人が助けを求めることへの心理的抵抗を軽減するために、コミュニティの中にいろいろと工夫をこらしてきた。

まさに「情けは人のためならず、めぐりめぐりて己《おの》が身のため」という格言そのものの理念となるのだが、海部町民はこの理念を共有し根付かせることによって、自身たちの共存に成功したのではないだろうか。そしてその成功体験から、人々が共存していく上で可能な限り「生きづらさ」の元となる要素を取り除き、生き心地のよいコミュニティを次世代に引き継いできたのではないだろうか。

こうしたことのすべてが、先達の「損得勘定」から始まっていたと、私は想像している。さらに言えば、人間の業である損得勘定を基にしていたからこそ、長年にわたり破綻することなく継承されてきたと考えることができるのである。

自殺対策というテーマの中では、損得という概念があまりにも俗っぽく響くらしく、抵抗感をいだかれることがある。しかし損得勘定といっても、なにも金銭にまつわる話をしているのではない。コミュニティの中で、住民たちが多少の我慢や犠牲を引き受ける代償として、のちにより大きな見返り——たとえば危機回避など——を手に入れるという処世術を指している。私は自分の主張をわかりやすく伝えたいために、あえて端的な表現を選んで使っているに過ぎないのであって、この言葉の本質を考える前にアレルギーを起こし、拒絶するようなことにはなってほしくない。

どんなに立派な計画を策定したとしても、人間の行動様式の基となる損得勘定を軽視していたのでは、いずれ必ず無理が生じるということを強調したいのである。

説教はしない——「野暮ラベル」の効用

海部町に現存する江戸時代発祥の相互扶助組織、「朋輩組」の調査をしていたとき、年長者の年少メンバーに対するしごきなどはなかったのかという私の質問に対し、メンバーたちは「ほない野暮なこと、誰もせんわ」と言って笑い飛ばした。

辞書によると、「野暮」とは、洗練されていない、ダサイ、格好悪い、低俗な、粗野な、卑しい、はしたない、などと説明されている。この調査を始めた当時から気づいていたことなのだが、「朋輩組」メンバーに限らず、またその人の世代にもかかわりなく、海部町民の会話には「野暮」という言葉が時々登場した。

中でも特に強い印象を受けたのは、町の古老に対して、選挙時の票集めについて尋ねたときのことだった。すでに紹介した話だが、重要な点を示唆するエピソードなので、もう一度、そのときのシチュエーションを再現してみたい。

「朋輩組」と同じように古くから存在する、他県のある相互扶助組織では、選挙となれば世話人が組織票の取りまとめに奔走する行為が常態化していたという話がよく知られている。これを引き合いに出して、海部町でも同様のことがあったかどうかを尋ねたのだった。

それまで海部町のコミュニティ特性をさまざまに見聞し、住民たちが「統制」されることを嫌うのを知っていた私は、見えない圧力を行使して票を集めるという姿が想像しにくかった。住民を対象としたアンケート調査の結果を見ても、海部町では、主体的に政治に参画しようとする意識が特に強いという傾向が示されていた。しかしそこは住民自身の口から彼らの考えを直接聞いて、もう一度確かめたいという気持ちがあったのである。

老人は、ここ一帯の特産物であるすだちを畑で摘んだ後、そのすだちをより分けている最中だった。彼はこの質問に驚いた様子で手をとめ、私の顔を見ると強い口調でこう言った。「誰に投票するかは、個人の自由や。人に強制やしたら、いまの言葉で言うたらなんじぇ、ダサイ、ちゅうんか。〝野暮〟なことやと言われる」。そして再び、すだちのより分け作業に戻った。

個人の意思を無視して投票を強制するという行為への、彼の嫌悪感がびしびしと伝わってきた。彼はそこに、「人に強制やしたら、〝野暮〟なことやと言われる」と言い足すことによって、私に対する説明が完璧になされたと思っている様子だった。そんなことをしたらどうなると思う。人から野暮と言われる羽目になる。それがすべて。ピリオド。

彼の確信に満ちた口調と、なんということを聞くのだと言いたげな表情に、思わず私はすみませんと謝りそうになった。いやいや私もそうではないかと思っていたのですよと言い訳しようかとも思ったが、それよりも、彼の言葉の中にあった「野暮」という単語に気を取られていた。

そのとき、私は気づいたのである。この町の人たちは、周囲から「野暮な奴だ」

と言われることを最大の不名誉のひとつと思っている。彼ら自身が意識しているか否かは別として、この「野暮」というラベルを貼られるような行為を極力避けながら生きているのではないかと。

老人は私に、大粒のすだちを一抱え持たせてくれた。そのあと私は、「野暮」という観念がコミュニティに定着していったプロセスについて、自分なりにじっくりと推測してみた。

海部町では、個人の自由を侵し、なんらかの圧力を行使して従属させようとする行為をくい止めたいと考えた。そのことが、彼らの目指すコミュニティづくりにはそぐわなかったのであろう。次にとった行動が、そうした行為に「野暮ラベル」を貼ることだったのではないか。野暮ラベルは、いわば魔物を封印する御札《おふだ》のようなものである。

これはなかなか巧妙な策である。自分たちがこうあってほしいと考えるコミュニティにおいて、不適切と思われる行為すべてに、まずはべたべたと「野暮ラベル」を貼っておく。それと同時並行して、周囲から野暮と思われるのがいかに不名誉なことか、その観念を植えつけてコミュニティの共通認識にしていくのである。

特に私が感心したのは、反抗的で斜に構えた態度をとって格好つけたがる年頃の、いわゆるティーンエイジャーにも使える有効な手段だという点だった。

思春期にある彼らの多くが、自分たちの言動が「ダサイ」「野暮」と思われることを非常に気にする。これを回避するためにはどうすればよいか、四六時中そのことばかり考えていると言ってもよいくらいである。何かを真正面から諭そうとしても一筋縄ではいかないこの年代の輩《やから》に、「野暮ラベル」を用いる効果は大きかったのではないだろうか。

「朋輩組」においても野暮ラベルは活用されていたと思われる。中学を卒業した年頃の男子が次々と入会し、古参、中堅、新入りまで年齢階層が積み上がっている構造の「朋輩組」にあって、年長者による年少者へのしごき行為は完全に封じられていた。この項の冒頭で紹介したように、いじめやしごきは無かったのかという私の質問に対し、メンバーたちは「ほない〝野暮〟なこと、誰もせんわ」と笑い飛ばしたのである。メンバー間の関係性は公平水平で、年少者の意見であっても、妥当と判断されれば即採用されていた。

調査を始めた当初に私はこの特徴を非常にユニークと感じ、他の類似組織に関する数多の文献を読み、また同じ四国にある類似組織「若者組」の元メンバーたちに会いに行ったりするなどして、詳細に比較してみた。その結果、多くの類似組織で、先輩による年少者への理不尽なしごきや制裁が常態化していたことがわかった。「朋輩組」メンバーたちのこの関係性は、類似組織の中でも極めて例外的であったのである。その理由はいろいろに考えられようが、「朋輩組」メンバーらの言動を観察していると、野暮を嫌えという教えが徹底されていたことが関係していたのは間違いないと思う。

第三章で述べたとおり、海部町の人々は、人間の性《さが》や業《ごう》をよく知る人々である。いかに立派な教えであっても、ただ教条的に諭したのでは人々の心に届きにくいということを、彼らはよく知っていた。そこで、住民たちにある行動をとってほしいと思うときには、彼らの心が動くようなインセンティブ（誘因、動機づけ）を用意したのではなかろうか。こうした方法の選択がいかにも海部町ならではと思わせ、心憎い。

私は、海部町の先達が数百年前から「野暮ラベル」を貼って封じてきた行為について、想像してみた。それらはいずれも、彼らが生き心地良いと感じられるコミュニティを成すのに妨げとなる要素、取り除きたい要素であったはずだ。

たとえば、人と違った考えや特徴を持っているという理由だけでその人を排除するという行為に、野暮ラベルを貼って封じたのかもしれない。他者を評価する際に相手の能力や人柄を見ることなく、年功や家柄、財力だけで判断しようとする行為も、封じたのだろう。その人にやり直しのチャンスを与えずスティグマ（烙印）を押しつけるという行為にも。あるいは、権力を行使して相手を無理やり従わせようとする行為にも——。

ここで最も重要な点は、ラベルを貼る対象の選択プロセスである。強固な権力構造に支配されたコミュニティであれば、支配者が独断で決めた対象にラベルが貼られ、残る者たちが唯々諾々《いいだくだく》と従うという図式が生まれかねない。こうなればラベルの効用は百八十度反転し、住民たちに息苦しさをあたえるという側面を強めるだけとなる。

「野暮ラベル」は、海部町コミュニティにおける公平水平な人間関係、弾力性の高い合意形成のプロセスがあったからこそ、長年にわたり魔除《まよ》けの札として活用されてきたと考えられる。

すでに言及してきたことではあるが、ここでもう一度強調しておきたい。第一章から述べてきた海部町の数々のコミュニティ特性は、互いに有機的に連結して効果を高め合っている。どれかひとつでも欠ければ、他の要素の成立が難しくなる。

私は改めて感じ入った。この小さな田舎町に、住民たちが心地よく生きていくための仕掛けと伏線《ふくせん》がこれほどまでに広く深くめぐらされている。私が気づいていない仕掛けも、おそらく沢山埋もれていることだろう。まだ見ぬそれらのことを考えると楽しくなってくる。

そして――、

これまた愉快なことに、町の人たちの多くは私の感動にちっとも共感してくれない。驚くほどに無頓着である。

「なにも大層なことは言うとらんじぇ」

そう言ってすたすたと歩み去る人の後ろ姿を眺めつつ、私はいつも、肩すかしをくらったような気分にさせられるのである。

結びにかえて

自殺って、それほど悪いことなのでしょうか。

私のところへ来て、静かな口調で尋ねた初老の女性がいた。この種の質問を挑発的にぶつけてくる人はたまにいるのだが、女性の態度にそうした意図がないことが明らかだったので、私は彼女の言葉の意味をはかりかねていた。

女性と向かい合って、テーブルについた。私が口ごもりながら、「あの、自殺、減ったほうがよいと思われませんか。なぜなら……」と言いかけたのにかぶせるように、彼女は数年前に長女を自殺で失ったことを話し始めた。

娘はおとなしく、引っこみ思案だったが、つねに自分のことよりも相手の気持ちをおもんぱかる心優しい子だった。人づきあいが得意でない分、家の中で過ごすことが好きで、母親の仕事をよく手伝った。周囲に迷惑をかけたり誰かを傷つけたりすることなど、ついぞなかった。ところがある事をきっかけに彼女は悩み苦しむようになり、その困難を到底乗り越えられないと思いこんだ挙げ句に死を選んだ。

「つらかったんだね、助けてあげられなくってごめんねって、お父さんとふたりで」と、女性はそこで声を途切れさせ、窓に目をやってしばらく外を眺めていた。娘が亡くなったその夜、彼女の家に集まった親戚たちは、娘の亡骸《なきがら》を前に両親を責めたてた。なんという事をしてくれた。我々にどれだけの迷惑がおよぶか、わかっているのか。親がそばにいながら、どうして止められなかった。

周囲の人々の態度も似たようなものだった。親からもらった命を粗末にして、残された人の気持ちを考えなかったのか、死ぬ気になれば何でもできただろうにと、娘を批判する声ばかりが聞こえてきた。

その女性は言った。これほどまでに責められるようなことを、あの子はしたのでしょうか。もしもあの子が病気や事故で死んでいたら、こんなことは決して言われなかったでしょう。かわいそうにって、言ってもらえたでしょうに。あの子は、それほど悪いことをしたのでしょうか。あの子が死んでから、ずーっと考えているんです。ずーっと。

——彼女はそこで言葉を止め、私の顔をじっと見つめた。

昔、自殺で家族を失った遺族たちの語りを読んだときの胸苦しさが、一気によみがえってきた。読後もやりきれなさがいつまでも去らず、その本を再び開いたことがなかった。目の前の女性が味わった苦しみは、かつて私が読んだ遺族の手記の内容と非常に似通っていた。遺族たちはみな、こんな思いに耐えなければならないのだろうか。

悲嘆にくれている遺族に対し、さらに彼らを痛めつける周囲の人々の無知と偏見。「死ぬ気になれば何でもできる」という紋切り型のセリフを、その意味をふり返って考えることもせずに、ただ投げつける。このような仕打ちは、絶対に間違っている——。

しかしそのときの私は自分の思いをうまく彼女に伝えられず、女性が娘の思い出などをぽつりぽつりと語るのを、ほとんど無言のまま聞いていただけだった。

それでも彼女は去り際に、「これからも頑張ってくださいね」と、やさしい言葉をかけてくれた。これでは反対なのに、私のほうが彼女に何か言わなくてはいけないのにと非常に焦ったが、結局のところ、話してくださってありがとうございましたと、その女性に頭を下げるだけが精一杯だった。

この日を境に、胸に刻んだことがある。私は、自殺した人を決して責めない。その思いは以前からもっていたものだったが、よりくっきりとした形をとって心の中に根を下ろした。

自殺へと傾いていく人をひとりでも減らしたい。しかし私は、自殺した人を決して責めない。日本では毎年三万の人々が、自分の意思や力だけではどうしようもない何らかの苦難に押しひしがれて、自殺へと追い詰められていく。その過程を知り原因を探ることで、対策に役立てることができるよう、私はこのような調査や提言を続けている。自殺した「人」を、責めているのではない。

そのことを、話を始める冒頭で必ず伝えるようになった。

自殺希少地域である海部町と、自殺多発地域であるA町を比較することによって、いくつもの貴重な知見を得てきた。私は自分が行った分析結果を信じてはいたものの、これを実際にA町の住民たちに伝えるという段階になるといろいろな心配事が出てきた。海部町と比較された結果、自分たちのコミュニティに自殺の危険を高める因子がこのようにあるのだと知らされることが、A町住民の心情にどのような影響をあたえるかが気がかりだったのだ。

しかも、A町において抽出された、自殺の危険を高める可能性のある因子――勤勉さ、克己心、忍耐強さなどは、本来いずれも尊ばれるべき美徳ばかりである。そこはきちんと押さえておきたい点だった。これらを自殺対策という枠組みで考えた場合に、自殺への傾きを強める可能性があるとして注意喚起したいのだが、本当にうまく伝えられるのだろうか、住民たちはどのような思いで聞くのかと、頭の中で自問自答しては悶々としていた。

ここはやはり私ひとりで考えあぐねているのではなく、地域を誰よりも知っている地元の人々の意見を聞かなくてはいけない。そう思って私は、役場の担当者や保健師、民生委員たちに自分の正直な気持ちを伝え、どのような影響が想定されるかを関係者間で話し合ってもらいたいと頼んだ。私はありのままに報告させてもらいたいと考えていたものの、地域の人たちの気持ちを無視してまで進めるわけにはいかないとも思っていた。

返事はすぐにメールで送られてきて、次のような趣旨のことが綴《つづ》られていた。

A町で自殺が多発する原因を知り、少しでも対策に反映させることができればと考えて調査を始めた。A町と自殺希少地域との比較によって少しでも原因解明に近づく可能性があるのであれば、是非やってもらいたいし、その結果を広く伝えてほしい。そこを避けていたのでは、調査を行った意味がない。全員一致の意見です——。

なんとかして自殺を減らしたいと願う人たちの熱意と、そして覚悟が伝わってきて、心に染みた。それまでにも何度か感じていたことであるが、この人たちとともに働くことができて幸いだと、改めて思った。

ただしそうはいっても、やはり実際に行動に移す段となると、またまた心配になってきた。役場の担当者や保健師など、務めとして自殺対策にかかわる人々はともかく、一般住民にとってこの比較調査結果は決して耳触りのよい話ばかりではない。知らされたくないと思う人がいたり、強く反発する人がいたりしても不思議はなかった。私だけでなく、役場の職員や保健師も一緒になって気にかけていた。

私は調査結果を報告するときはいつも、一般住民を対象にそれも堅苦しい講演などではなく、小規模な、ひざをつき合わせて語り合えるような座談会形式にしたいと希望を出していた。この調査結果を聞いた人たちの率直な反応を知りたかったし、話のあとには大抵、「それで思い出したのだが」と、関連するエピソードを紹介してくれる人がいる。これがまた、示唆に富む事例であることも少なくない。

役場が手配をしてくれて、私は高齢者の体操教室の中で少し時間をもらったり、婦人会の定例会議に出向いたり、祭りの準備を担う青年団メンバーに集まってもらったりしながら、調査結果を伝えた。大人数対象の講演である場合には、話のあとにグループに分かれて感想を話し合ってもらう場を設けたりもした。そういえば、会場となった部屋の多くは畳《たたみ》敷きで、まさに「ひざ突き合わせて」という私の希望どおりだった。

そして、私が抱いていた心配は杞憂《きゆう》に終わった。

A町では排他的な意識がより強いこと、日頃は緊密な近所づきあいをしながらも、かえってそれが障害となって容易には助けてくれと言えない人が多いこと、他者への評価が人物本位ではなく年功重視の傾向にあること、「どうせ自分なんて」と考える人が多いこと、これら特徴の中には地理的条件に起因すると考えられるものがあること、そして、こうしたコミュニティ特性が住民の精神衛生にどのような影響をあたえる可能性があるのか——私の話に、多くの人が熱心に耳を傾けてくれた。話の後には、「思い当たる」「あまりに図星で、さぶいぼが出た（鳥肌が立った）」などの感想が上がった。

かねてより保健師が警戒していたうるさ型の古老も、「この地域の特徴が、まっこと、よう表れとる。これはもっと多くの人に知ってもらわんといかん調査や」と言ったため、これには誰よりも保健師たちが驚いていた。

私が、海部町のうつ受診率が高いことや、「あんた、うつになっとんと違うん、早う病院へ行き」と当人にずけずけと言う海部町民たちの様子を伝えると、A町の聴衆からは小さなどよめきが起こる。ある高齢の女性が、「ほないなこと、言うてもええんじゃねえ」とつぶやき目を丸くしていたのは、すでに紹介したとおりである。

もちろん、この女性が翌日から隣人に対し「あんた、うつになっとんと違うん」と言うようになるとは考えにくい。しかし、長い人生においてそうした言葉を決して口にしてはいけないと信じ続けてきた人の、心の固い結び目がほんの少しゆるんだ瞬間を見たと思った。この女性の「気づき」こそが啓発の第一歩なのだと思い、自分の仕事に励ましを得た気分になった。

話をした本人、つまり私を目の前にしての批判はしづらいもので、聴衆からは同意や賛意のほうが多く出されがちであることを忘れてはならない。この調査結果に反発を感じた人は当然いただろうし、異論を唱えたい気持ちがありながら何も言わずに去った人もいただろう。しかし少なくとも、この調査報告が真摯《しんし》に受けとめられたと実感することはできた。

座談会の終了後、「あん人があないに言うてくれるとは、なあ」と関係者らでわいわいと言い合っているとき、誰かが「やっぱり、そこに真実があるからやろうなあ」と言うのが聞こえ、私はとっさに声のしたほうへ振り向いたが、誰が言ったのかはわからずじまいだった。

真実。この調査結果の中に〝真実〟があると、言ってもらえた。

その人は特段の思いもなく口にした言葉だったかもしれないのだが、私は嬉しくて、有難くて、胸が一杯になった。地域の人たちの心情をおもんぱかって長い間気を揉《も》んだあとだったので、少々感じやすくなっていたのかもしれない。

その言葉を両手のひらで包んで、そおっと持ち帰りたいような気持ちだった。

二〇〇八年の夏に初めて海部町に入って以来、コミュニティに潜在する自殺の危険を緩和する要素、「自殺予防因子」を探して調査と分析を続けてきた。調査開始から二年後には、自殺多発地域にも研究の対象を広げた。その結果得られた知見を各地域の住民に返し、こうして受けとめてもらえるまでになった。

それはまさに同じ住民たちが、さらには私の話に耳を傾けてくれた多くの人たちが、私の背中を押し続けてきてくれたからこそ到達できたことと、改めて彼らへの深い敬意と感謝をもってこの四年間を思い返している。

■調査と分析の流れ

本研究は、大きく四つの研究から構成されている。すなわち、(一)自殺希少地域における自殺予防因子の抽出、(二)自殺希少地域における自殺予防因子の探索、(三)自殺予防因子の検証──自殺多発地域との比較、(四)全国の自殺希少地域に共通する特性の把握、の四つであり、コミュニティと自殺率との関係について、参与観察、インタビュー、客観的社会指標の分析、質問紙調査、全国市町村のデータセットの構築と分析と多角的な手法を用いて、重層的に研究を行っている。

研究(一)は自殺予防因子の探索であり、極めて自殺の希少な地域である徳島県旧海部町と両隣に接するX町・Y町を比較対象にして、①海部町には自殺危険因子が少ない、②海部町には他の町にない特性があり、それが自殺予防因子である、との作業仮説の下、参与観察、インタビュー、客観的社会指標の分析を行っている。調査の結果、①については、海部町では他の2町と比べて先行研究で指摘されている自殺危険因子のうち、孤独、ソーシャル・サポート不足、役割喪失感、うつ状態の危険度は低いこと、経済格差は三町でもっとも大きいにもかかわらず、主観的格差感は最も小さかったこと、②については、海部町に現存する相互扶助組織「朋輩組」に着目して、同じ類型組織であるX県A町の

「若者組」との構造・機能・運営理念・規則の比較研究を行い、海部町の「朋輩組」がゆるやかな紐帯（結びつき、連帯）を有し、排他的な傾向が希薄で、リーダー選出基準が年功よりも人物本位であることが明らかにされた。

研究（二）は自殺予防因子の抽出であり、研究（一）を踏まえて、海部町と両隣に接するX町・Y町の二十歳以上の住民を対象にした質問紙調査（無作為抽出一千三百四十一名、回収率八十九・八パーセント）を実施し、住民の日常生活における行動や思考の傾向を探った。調査項目は既存の全国調査等を基に作成している。その結果、海部町に特有な六つの因子が抽出された。すなわち、①コミュニティはゆるやかな紐帯を有する、②身内意識が弱い、③援助希求への抵抗が小さい、④他者への評価は人物本位である、⑤政治参加に意欲的である、⑥主観的格差感が小さい、である。これらの因子は、研究（一）で述べた海部町の相互扶助組織「朋輩組」の組織特性とも対応しており、海部町に特有な因子であることが補強された。

研究（三）は自殺多発地域との比較による自殺予防因子の検証であり、自殺希少地域で抽出された自殺予防因子が自殺多発地域においては弱いか、存在しないという仮説の下で、同じ徳島県の自殺多発地域であるA町を含む六町村の二十歳以上の住民を対象に、海部町と同じ質問紙調査（無作為抽出一千九百九十名、回収率九十六・一パーセント）を実施した。そして、海部町とA町で比較した結果、研究（二）で抽出された海部町に特有な六つの因子のうち、①コミュニティはゆるやかな紐帯を有する、②身内意識が弱い、③援助希求への抵抗が小さい、④他者への評価は人物本位である、⑤政治参加に意欲的であるの五つの因子についてA町では対照的な傾向を示し、統計的に有意な差が示され、これら五つの因子が自殺予防因子である可能性が支持された。

研究（四）は全国の自殺希少地域に共通する特性の把握であり、自殺希少地域と多発地域の最大の相違点の一つに地勢があることを踏まえて、全国三千三百十八市町村の自殺統計を基に自殺希少地域に共通する地勢・気候の特性の分析を行っている。自殺率については、異なった年齢構成を持つ市区町村間での比較を可能にする為に、一九七三年〜二〇〇二年の三十年間のデータをもとに市区町村別標準化自殺死亡比（Standardized Mortality Ratio：SMR）及びその三十年間平均値を算出し、これを本研究での自殺率の指標「自殺SMR」とした。なお、人口規模の小さな市区町村ではごく少数の自殺者数の増減でも標準化自殺死亡比に大きな変動をもたらすことから、三十年間の平均を得ることでその影響を小さくしている。ちなみに、全国で八番目に自殺SMRが低く、島属性を有さない市区町村でもっとも低いのが研究（一）から研究（三）で対象とした海部町である。

ついで、この全国SMRに地理的変数を加えた市区町村別のデータセットを作成した。地理的変数には、地勢に関しては人口、面積、人口密度、可住地人口密度、標高、土地の傾斜度、海岸部属性、島属性、海域を、気候に関しては平均気温、降水量、日照時間、積雪量を用い、既存のデータと本研究のために新たに加工したデータも併用している。そしてこのデータセットを用いて、自殺SMRの九十五パーセント信頼区間により、「自殺希少地域」「自殺多発地域」「その他地域」に層別して、地理的変数を比較するとともに、自殺SMRと地理的変数の間での重回帰分析等を行った結果、下記のことが明らかとなった。

①自殺希少地域は傾斜の弱い平坦な土地で、可住地人口密度が高く、海岸部に属する市町村に多いという傾向が示され、面する海域は太平洋と瀬戸内海が多かった。

②日照時間は自殺率に対して負の影響を、積雪量は正の影響を与えていた。

③標高と傾斜度については、標高が約三百メートルをピークに自殺率への影響が横ばいとなっているが、傾斜度は大きくなるほど自殺率への影響が強まり、傾斜十五度を超えた地点から危険度が急速に強まった。

これらの結果から、地理的特性は社会生活基盤の充実度や社会資源への到達可能度のほか、ネットワーク不良や情報不足による住民の孤立や孤独など社会的支援の質とも関係し、それが自殺率に影響を与えている可能性が示唆された。

以上の四つの研究により、自殺はコミュニティ特性や住民気質と深いかかわりがあること、自殺予防対策を検討する際にはこの二つを踏まえることで、より有効な介入や啓発が実現できると結論づけている。

謝辞

本書に反映された知見の多くは、調査対象となった地域の人々との語り合いから導き出されたものです。長時間のインタビューに快く応じてくださり、文献では知りえなかった貴重な気づきをあたえていただきました。

各地の役場や保健所など、関係諸機関のご協力なしには、未知であった土地の調査は到底成り立ちえませんでした。私が初めて現地を訪れる以前から現在にいたるまで、多忙な業務の合間を縫って対応してくださり、この調査研究を支えてくださっています。

全国市区町村のデータセット構築とその解析については、統計数理研究所教授の椿広計先生、故藤田利治先生より、多大なお力添えを賜りました。

慶應義塾大学大学院健康マネジメント研究科では、委員長の高木安雄先生をはじめとして、諸先生方より数えきれないほどのご助言をいただきました。指導教授である山内慶太先生は、私の海部町報告にいつも楽しげに耳を傾け、私が研究の岐路に立つたび、進むべき方向を明快に示してくださいました。

講談社編集部の青木肇さんの勇気あるご決断がなければ、本書が世に出ることはありませんでした。また、齋藤聡弥さんには同じ道を歩む研究者の目線で、丁寧な校正をしていただきました。

そして我が家では、日々癒しと笑いを私にもたらす両親がいて、最良の心地良い住処《すみか》を作ってくれています。


この場を借りて、私の心からの謝意を表します。

本当にありがとうございました。

二〇一三年七月

岡　檀

プロフィール

岡　檀　Mayumi Oka

和歌山県立医科大学保健看護学部講師、慶應義塾大学大学院健康マネジメント研究科研究員。慶應義塾大学大学院健康マネジメント研究科博士課程修了。「日本の自殺希少地域における自殺予防因子の研究」で博士号を取得。コミュニティの特性が住民の精神衛生にもたらす影響について関心を持ち、フィールド調査やデータ解析を重ねてきており、その研究成果は学会やマスコミの注目を集めている。第一回日本社会精神医学会優秀論文賞受賞。

生《い》き心地《ごこち》の良《よ》い町《まち》——この自殺率《じさつりつ》の低《ひく》さには理由《わけ》がある

2013年7月22日　第1刷発行
2015年8月7日　第8刷発行

著者……………………岡檀《おかまゆみ》

装幀……………………大野リサ

カバーイラスト………コーチはじめ

© Mayumi Oka 2013, Printed in Japan

発行者…………………鈴木 哲

発行所…………………株式会社講談社
東京都文京区音羽2丁目12-21［郵便番号］112-8001
電話［編集］03-5395-3522
［販売］03-5395-4415
［業務］03-5395-3615

印刷所…………………慶昌堂印刷株式会社

製本所…………………株式会社国宝社

本文データ制作………朝日メディアインターナショナル株式会社

定価はカバーに表示してあります。

落丁本・乱丁本は購入書店名を明記のうえ、小社業務あてにお送りください。送料小社負担にてお取り替えします。なお、この本の内容についてのお問い合わせは第一事業局企画部あてにお願いいたします。

本書のコピー、スキャン、デジタル化等の無断複製は著作権法上での例外を除き禁じられています。本書を代行業者等の第三者に依頼してスキャンやデジタル化することは、たとえ個人や家庭内の利用でも著作権法違反です。

Ⓡ〈日本複製権センター委託出版物〉複写を希望される場合は、日本複製権センター（電話03-3401-2382）の許諾を得てください。


ISBN978-4-06-217997-3　N.D.C.300　215p　19cm